災害から家族と自分を守る

「災害心理」の基礎知識

野上達也 著

セルバ出版

はじめに

災害にかかわる行動には、真偽の不確かなイメージが含まれている

　豪雨や台風などのニュースを見ながら、「避難指示が出ていたのになぜ被災者は避難しなかったのか？」という疑問を抱いたことはありませんか？

　もしくは、「突然大地震が発生したらパニックで街中が大変なことになる！」というイメージを持っていないでしょうか？

　本書は、災害意識や避難行動などの「災害発生前後の心理と行動傾向」、そしてパニックや略奪などの「災害発生後に発生すると思われている行動」について書かれたものです。

　災害に関する書籍は多く出版されていますが、備蓄行動や避難行動などの災害発生前後の行動に焦点を当てた一般向けの書籍は多くありません。本書では、それらの行動の傾向に焦点を当てながら、その背後にある心理をわかりやすく解説しています。

　また、災害にかかわる行動には、昔から少なからず真偽の不確かなイメージが存在しています。例えば、「大きな災害の発生直後、人々はパニックに陥る」や「災害発生直後は被災地で略奪が頻発する」などです。

　これらのイメージは一般の人々の間だけでなく、報道関係者や防災・危機管理の実務家などの間でも散見されます。これらのイメージにかかわる誤解を少しでも解こうというのが、本書を刊行する一番の目的となります。

災害発生前後の心理と行動傾向

　本書は、国内外の学術研究の成果に基づきながら、平易な言葉でわかり易く災害にかかわる心理と行動を説明しています。

　第1章では、「災害発生前の心理と行動傾向」を取り上げています。心理学の知識を用いながら、災害対策を怠ってしまう要因や災害情報を伝える難しさなどを説明しています。

　続く第2章では、「災害発生後の心理と行動傾向」がテーマになっています。避難行動を中心に、災害が発生した後に見られる人間の行動を扱っています。

災害発生後に発生すると思われている行動

　後半の第3章から第6章では、過去の災害事例と先行研究の結果を踏まえながら、パニックや略奪などの「災害発生後に発生すると思われている行動」の実態について説明しています。

　第3章では、「災害発生時のパニック」を取り上げています。パニックとはどういう行動なのか、災害発生時に人はパニックに陥ってしまうのかなどを、過去の事例や研究結果を用いながら検証しています。

　次の第4章のテーマは、「災害発生後の犯罪」です。被災地における略奪発生の有無や犯罪の増減程度について、詳しく説明しています。

　第5章は、「災害支援」に関する内容です。災害発生直後の被災者の心理状態や効果的な支援行動を、わかりやすく解説しています。

　最終章の第6章では、災害発生後の行動傾向に関する誤ったイメージや大げさなイメージを取り上げています。「災害神話」と呼ばれるこれらのイメージが人や社会に与える影響、そしてその出どころなどについて説明しています。

災害心理の基礎知識が幅広く学べる1冊

　一般向け書籍のため、専門的な用語や説明はあまり用いていません。そのため、心理学について特別な知識を持っていない人でも、十分に理解できる内容になっています。

　本書は読みやすい内容になっていますが、筆者自身がこれまで実施してきた研究の成果や筆者が担当している大学院の授業内容に基づいて書かれています。そのため、高い専門性を求める研究者や実務家にも、十分納得してもらえる内容に仕上がっています。

　文中の引用は［番号］で示しており、巻末の引用文献欄で確認することができます。

　本書の執筆にあたっては、一般財団法人日本防火・危機管理促進協会、そして当協会へ研究助成をいただいている一般財団法人全国市町村振興協会に大変お世話になりました。また、貴重な資料を使わせていただいた各行政機関および研究機関には、この場をお借りして感謝を申し上げます。

最後に、本書を執筆するきっかけとなった明治大学公共政策大学院ガバナンス研究科「災害と人間行動」の履修生のみなさんには、心より深謝いたします。おかげさまで、とても満足できる本をつくることができました。

2021 年 2 月吉日

野上　達也

災害から家族と自分を守る「災害心理」の基礎知識　目次

はじめに

PartⅡ　災害発生後に発生すると思われている行動

第3章　災害発生時のパニック

第4章　災害発生後の犯罪

第1章
災害発生前の心理と行動傾向

1　一生のうちに悪い出来事に遭ってしまう確率

３男２女の５人家族では、３人ががんにかかってしまう

　人間社会には、いろいろな危険が潜んでいます。大きな病気や犯罪などは、その代表的な例になります。とはいえ、「将来自分は大きな病気にかかるだろう」や「いつか犯罪に遭うかもしれない」と思って日常生活を送っている人は、多くありません。

　そもそも、一生のうちにこれらの悪い出来事に遭遇してしまう確率は、一体どのくらいあるのでしょうか？　図表１に、「一生のうちに悪い出来事に遭う確率」をまとめてみました。

【図表１　一生のうちに悪い出来事に遭う確率】

項目	確率	おおよその目安
一生のうちになんらかのがんにかかってしまう確率 （生涯がん罹患リスク［男性］）	65.5%[*1]	男性３人のうち２人
一生のうちになんらかのがんにかかってしまう確率 （生涯がん罹患リスク［女性］）	50.2%[*1]	女性２人のうち１人
80 年間になんらかの犯罪に遭う確率	44.0%[*2]	５人のうち２人
80 年間に交通事故を起こす（に遭う）確率	21.5%[*3]	５人のうち１人
80 年間に住宅火災に遭う確率	1.6%[*4]	63 世帯のうち１世帯

注：「80 年間に〜に遭う確率」は、「1 −（1 −一年間の件数／人口または世帯数）^{80}」で算出
引用：[*1] [1] 国立がん研究センター、2020；[*2] [2] 警察庁（2019）、[*3] [3] 警察庁（2020）、[*4] [4] 消防庁（2019）をもとに作成

　まず、がんにかかってしまう確率（生涯がん罹患リスク）から見ていきましょう。図表１のとおり、男性の場合はおおよそ３人に２人、女性の場合は２人に１人が、一生のうちに何らかのがんにかかってしまうことになります。

　３男２女の５人家族を例にすると、５人のうち３人は将来がんにかかってしまうことになります。これはかなりの確率です。昔に比べるとがんの治療法もかなり進歩しており、「がん＝死」ではなくなってきています。

　しかしながら、がんが大病であることには変わりありません。数字にして

みると、改めてがんが「珍しくない」大病であることがわかります。なお、「一生のうちになんらかのがんで死亡する確率（生涯がん死亡リスク）」は、男性で23.9%、女性で15.1%となっています [1]。

人生で犯罪や交通事故に遭ってしまう確率は低くない

テレビやインターネットで毎日のように犯罪に関するニュースを見聞きしますが、図表1を見ると、一生のうちに何らかの犯罪に遭う確率は44.0%にものぼります。5人家族であれば、そのうちの2人が何らかの犯罪に遭遇してしまうくらい高いものです。

もちろん、犯罪の種類によっても遭遇する確率は大きく異なりますが、どんな犯罪であれ、できれば遭遇したくないものです（刑法犯認知件数の約7割は窃盗犯で、凶悪犯は0.5%程度 [2]）。

交通事故を起こす（に遭う）確率も決して低くなく、5人家族であれば、そのうち1人が一生に一度は事故を起こして（に遭って）しまうくらいの確率になっています。

交通事故も軽傷にとどまるものから人命を失うものまで幅が広いですが、「事故を起こさない（に遭わない）」のが一番なのは言うまでもありません（80年間に交通事故で負傷する確率は25.4%、死亡する確率は0.2% [3]）。犯罪にしろ交通事故にしろ、これらに遭う確率を改めて考えてみると、決して対岸の火事ではないことがわかります。

住宅火災も決して他人事ではない

住宅火災も、日常生活に潜む危険の1つです。図表1によると、おおよそ63世帯に1世帯が、一生のうちに一度は住宅火災を経験することになります。

がんや犯罪、交通事故に比べると、ずいぶんと低い確率に見えます。とはいえ、それでも「自宅近所の誰かが一生のうちに一度は火災に遭ってしまう」くらいの確率です（なお、住宅火災にはお店や工場などの火災は含まれていません）。

住宅火災では人命と財産を一度に失いかねないため、日頃から火元には

十分に注意したいものです。ちなみに、住宅火災の出火原因で多いのは、ストーブ（電気・石油）やたばこ、電気器具（電灯などの配線）、こんろ（ガス・石油）となっています [4]。

2　自然災害に遭う確率

日本は世界でも有数の自然災害多発国

　がんにかかる確率や犯罪・交通事故に遭う確率は、思いのほか高いことがわかりました。住宅火災についても、「自分の身には絶対に起きない」とは言えない確率になっています。

　ところで、がんや犯罪などに遭うおおよその確率はわかりましたが、一生のうちに自然災害の被害に遭う確率はどのくらいなのでしょうか？

　内閣府 [5] がウェブサイト上で公開している 2010 〜 2020 年に発生した自然災害（105 件）をもとに、「一生のうちに自然災害の被害に遭う確率」をおおざっぱに算出してみました。

　図表2にあるとおり、その確率は 10.9％になります（人的被害のみは 0.3％、物的被害のみは 10.6％）。おおよそ 10 人に 1 人は、一生のうちに一度は自然災害によって、何らかの被害に見舞われることになります。

【図表2　一生のうちに自然災害の被害に遭う確率】

項目	確率	おおよその目安
80 年間に自然災害の被害に遭う確率	**10.9%**	10 人のうち 1 人
人的被害のみ（死亡、行方不明、負傷）	**0.3%**	300 人のうち 1 人
物的被害のみ（家屋の全壊、半壊、一部損壊、床上浸水、床下浸水）	**10.6%**	10 人のうち 1 人

注：「自然災害」は豪雨、台風、地震、津波、火山噴火、大雪、竜巻、突風を含む（各災害の詳細は巻末の別表を参照）

引用：[5] 内閣府（2020）をもとに作成

　先に示したがんや犯罪などの確率と比べてみても、飛びぬけて低いわけではありません。つまり、自然災害の被害に遭うことも、決して他人事では

ないということです。

ご存じのとおり、毎年毎年、日本では台風や豪雨、地震などの自然災害が全国各地で発生しています。日本の国土面積は世界全体の約0.28％で、200以上ある国と地域の中では60番目くらいの大きさとなっています [6]。国土面積でいえば、日本は決して大きな国ではありません。

しかしながら、1900年以降に全世界で発生した死者・行方不明者1,000人以上の自然災害159件のうち、約10％（16件）が日本で発生しています [7]。

今後発生する可能性のある大きな災害についても、静岡県から宮崎県の広範囲にわたる南海トラフ地震や東京周辺の首都直下型地震などが挙げられています。つまり、日本に住む人たちは、他の多くの国に住む人たちに比べ、自然災害に遭う確率がとても高いのです。

災害の被害予測はとても難しい

自然災害が非常に多い日本ですが、「将来災害によって大きな被害を受けるかもしれない」と考えている人は多くありません。これは、特定の人に限った話ではありません。

例えば、東京大学の研究チームが1980年初頭に大船渡市で実施した調査が、興味深い結果を示しています。大船渡市は日本国内でも津波災害の多い地域であり、この調査前にも定期的に大津波の被害を受けています（1896年の明治三陸地震では22.4メートルの津波、1933年の昭和三陸地震では28.7メートルの津波、1960年のチリ地震では11.8メートルの津波が発生）。2011年3月11日の東日本大震災でも、大船渡市内では10メートル以上の津波が記録されています。

そのような津波被害の多い地域の住民800人に、東大の研究チームは「津波が発生したらどれくらいの被害が発生すると思いますか？」と尋ねています。被害予測の対象は、大船渡の「町全体」、自宅周辺の「近隣」、そして「自分自身」の3つとなります。

まず町全体と近隣の被害予測の結果ですが、図表3を見てください。町全体の被害予測では、「ほとんど全滅」と「半分以上が壊滅」という重い被

害を予測している割合が計42.7％で、「一部が壊れる程度」と「たいした被害はない」という軽い被害を予測している割合が55.3％となります。

　一方、被害予測の対象が近隣（自宅の近く）の場合では、重い被害を予測している人は26.2％、軽い被害が73.2％となっています。さらに興味深いのは、自分自身への被害予測です（図表4）。「死ぬかもしれない」と「大ケガをするかもしれない」という重い被害を予測している割合は16.5％、「軽いケガぐらいはするかもしれない」と「全く無事だろう」という軽い被害が81.4％になります。

【図表3　津波による町全体と近隣の被害予想】

選択肢	町全体の被害予想	近隣の被害予想
ほとんど全滅	5.9%	8.0%
半分以上が壊滅	36.8%	18.2%
一部が壊れる程度	42.4%	28.0%
たいした被害はない	12.9%	45.2%
DK・NA	2.1%	0.6%

注：「DK・NA」は「わからない・不明」という意味

引用：［8］東京大学新聞研究所「地震と情報」研究班（1982）をもとに作成

【図表4　津波による自分自身の被害予測】

選択肢	回答割合
死ぬかもしれない	6.1%
大ケガをするかもしれない	10.4%
軽いケガぐらいはするかもしれない	35.5%
全く無事だろう	45.9%
DK・NA	2.2%

注：「DK・NA」は「わからない・不明」という意味

引用：［8］東京大学新聞研究所「地震と情報」研究班（1982）をもとに作成

3　悪い出来事の被害予測

人間には「悪い出来事は自分には起こらない」と思う傾向がある

　町全体の被害では4割以上の人が「半分以上が壊滅」か「ほとんど全滅」という被害予測をしていますが、自分への被害については8割以上の人が「軽いケガぐらい」か「全く無事」と回答しています。つまり、「町は津波で大変なことになるかもしれないけど、多分自分は大丈夫」、と考えているのです。

　この調査結果からわかることは、被害予測の対象が自分自身に近くなると、被害予測が軽くなる傾向があるということです（「町全体」→「近隣」→「自分自身」）。このような調査結果になったのは、「当時の大船渡市の回答者たちが特に楽天家だった」からではありません。通常、多くの人は、「悪い出来事は自分には起こらない」と考えがちです（【心理学コラム1】参照）。

　例えば、災害被災者がマスコミのインタビューなどで「まさか自分が被害に遭うとは思わなかった」と答えているのを見聞きしたことがあると思いますが、これはいたって普通の見解だといえます。この傾向は自然災害に限らず、冒頭で挙げたがんや犯罪、交通事故、住宅火災にも当てはまります。

　宝くじを買うたびに「1億円が当たったらなにを買おうか？」とわりと真面目に悩みますが、「将来自分はがんにかかるだろう」や「いつか犯罪に遭うかもしれない」と深刻に考え込む機会は多くありません。「いつか自分に悪い出来事が起こる」と考えることは、人間にとって簡単なことではないのです。

【心理学コラム1　楽観主義バイアス（optimism bias）】

> 　「バイアス（bias）」とは偏見のことで、楽観主義バイアスは「自分への良い出来事の発生確率を過大評価し、逆に悪い出来事の発生確率を過小評価する傾向」のことです。心理学分野では、最も普遍的かつ強固な概念の1つとして知られています。多くの人は、自分自身が災害や犯罪の被害に遭ったり、深刻な病気にかかったりするとは思っていません。このような考えも、楽観主義バイアスの影響だといえます。防災面ではあまり歓迎できない傾向ですが、日常生活を安心して営むためには必要不可欠な偏見となります。

多くの人は将来自分が被災するとは思っていない

　より最近の調査でも、大船渡市の調査と同じような結果が示されています。過去に災害に被災した人（131 人）と被災したことのない人（387 人）に「自分の住む地域が近い将来大きな水害（死傷者を伴う台風や豪雨、洪水）に被災すると思うか」という質問を 3 択（「はい」、「いいえ」、「わからない」）で尋ねたところ、「はい」と答えた人は被災経験あり群で 24.4%、なし群で 16.3%しかいませんでした [9]。

　この調査は 2019 年 9 月に実施されていますが、調査の 2 週間前には千葉県内が令和元年台風 15 号に被災しており（死者 3 人）、1 か月前には九州北部が大雨によって甚大な被害を受けています（死者 4 人）。前年には、西日本豪雨も発生しています（死者 263 人）。

　そのような状況においても、「自分が台風や豪雨で被災する」とはなかなか思えないのです。さらに言えば、過去に被災していたとしても、「自分はまた災害の被害に遭う」と考えている人は、決して多くないのです（全体の 4 分の 1 程度）。

人間は、めったに起こらない悪い出来事の被害予測に向いていない

　災害の被害予測が難しいのは、楽観主義バイアスだけの影響ではなさそうです。例えば、「自分への被害を伴う災害」の発生頻度にも、その一因がありそうです。

　先に示した大船渡市を例に挙げると、1986 年の明治三陸地震から 2011 年の東日本大震災まで約 30 ～ 50 年間隔で大きな津波が発生しています。人の一生を 80 年とすると、人生に 1 ～ 2 度遭遇するかどうかという頻度になります。

　津波が発生したからといって沿岸部に住む全員が被害に遭うわけではないため、この頻度に加え、実際に津波で自宅や自分自身が被害を受ける確率を踏まえる必要があります。

　台風や豪雨などについても、これらの自然災害は毎年日本各地で発生していますが、毎回同じ地域の同じ人が大きな被害を受けているわけではありません。

図表2でも示したとおり、80年間で自然災害の被害に遭う確率は10.9%です。無視できるほど低い確率ではありませんが、「災害が発生するたびに身構えるほどの頻度」ではないのも事実です。

そのため、「災害が発生しても自分には大きな被害は生じない」と考えることは、ある意味自然なことだといえます。人間は、「人生でまれにしか起こらない悪い出来事（災害）」の被害予測が得意ではないのです。

4　食料や水の備蓄率

食料や水を備蓄しているのは半数以下

日本では、昔から国や市町村などによって、災害に備えた備蓄が推進されてきました。備蓄以外にも、家具の固定などを事前に行うことが勧められています。

では、これらの準備を行っている人は、一体どのくらいいるのでしょうか？

内閣府が2009年から4年ごとに実施している地震対策に関する調査によると、備蓄は3〜4割、家具の固定は2〜4割となっています（図表5）。2009年から2013年にかけて備蓄と家具の固定割合が大きく上がっていますが、これは2011年3月の東日本大震災の影響だと思われます。

【図表5　大地震に備えている対策】

項目	2009 年 (N = 1,944)	2013 年 (N = 3,110)	2017 年 (N = 1,839)
食料や飲料水を準備している	33.4%	46.6%	45.7%*
家具・家電などを固定し、転倒・落下・移動を防止している	26.2%	40.7%	40.6%

*2017年調査のみ項目が「食料や飲料水、日用品などを準備している」となっている。

注：Nは回答数

引用：[10] [11] 内閣府政府広報室（2014, 2018）をもとに作成

項目を1つずつ見ていきたいと思います。まず備蓄ですが、東日本大震災後の2013年でも46.6%、熊本地震後の2017年でも45.7%にとどまって

います。この数値が高いのか低いのかはわかりませんが、少なくとも、食料や水を備蓄している人の割合は半数以下ということになります。

　備蓄をしていない人の中には、「災害が起こっても国や市町村が食料や水を配ってくれるから備蓄がなくても大丈夫」と考えている人もいるかもしれません。

　確かに、これまで日本国内で発生した災害において、「食料・水不足によって被災者が餓死した」という話は聞いたことがありません。

　また、先ほど「人間は災害の被害予測が得意ではない」と書きましたが、被害を予測できなければ、当然、予測される被害への対策（備蓄）は行いにくくなります。

食料や水を備蓄するのは家族や自分のため

　とはいえ、阪神・淡路大震災や東日本大震災のような大きい災害が広い範囲で発生すれば、国や市町村であっても、被災者へすぐに食料や水を配ることはできません。

　災害発生直後の辛い状況において、食料・水不足でさらに苦しむのは、備蓄をしていなかった自分自身や家族です。そのため、家族や自分のことを考えれば、やはり最低限の量の食料と水は事前に自分たちで準備しておく必要があります。

　ここで問題となるのは、備蓄量とそれに要する手間です。国や市町村は、水なら1人1日3リットルを3日分、食料も3日分の備蓄を勧めています。また、大規模災害を想定して、備蓄量はできれば1週間分が望ましいとされています。

　例えば備蓄量を5人家族の3日分とすると、水なら5人×3リットル×3日分で計45リットルとなり、2リットル入りのペットボトル22.5本分です。これは結構な量です。ここにさらに5人×3日分の食料が加わることを考えれば、自宅の一角を備蓄スペースに割かないと収納しきれません。

　水の費用は5人3日分がだいたい5,000円、非常食も5人3日分で1.5万円ほどになり（計2万円）、これを賞味期限が切れる前に入れ替える必要があります（だいたい3〜5年ごと）。

ちゃんとした備蓄をするにはお金も手間も必要

　図表5の調査項目では備蓄量の記載がありませんでしたが、備蓄量を質問項目に入れると、恐らく備蓄をしている人の割合は4割以下になると思います。

　事実、日本気象協会[12]が20～40代の女性600人に実施したアンケートでは、「3日分×家族の人数分」の備蓄ができている人は2割程度にとどまっていました。

　「災害はいつかやって来る！」と考えている災害意識の高い人にとっては、備蓄はそれほど苦にならないかもしれません。

　しかし、自分が被災するとは思っていない多くの人にとっては、結構大変な取り組みとなります。水や食料の備蓄には、お金と手間が少なからずかかってしまうのです。

5　家具の固定率

家具をちゃんと固定している人は少数派

　続いて、家具の固定について考えたいと思います。

　大きな地震が起きると、家の中の家具が倒れる可能性があります。特に大きなタンスや食器棚、本棚などが倒れてきたら、自分や家族が大きなケガを負うかもしれません。そう考えると、やはり普段から大きな家具だけでも固定しておく必要があります。

　内閣府の調査（図表5）では、家具などの固定は4割くらいの人が行っていることになっています。とはいえ、この4割の人も、自宅内にある大きな家具すべてを固定しているわけではありません。

　図表6を見てみると、重い家具をちゃんと固定できている人は、4割のうちの半分程度となっています（「ほぼすべての家具・家電などの固定ができている　17.7」％と「重量のある家具・家電などの固定はできている28.9%」。

　つまり、家の中にある大きな家具がちゃんと固定されている人の割合は、全体の2割程度（18.9%）ということです。

【図表6 家具や家電の転倒・落下・移動防止対策の状況】

0.8% わからない

17.7% ほぼ全ての家具・家電などの固定ができている

31.7% 重量のある家具・家電などの一部の固定はできている

28.9% 重量のある家具・家電などの固定はできている

20.9% 重量のある家具・家電などの半分程度の固定はできている

回答数：747人

引用：[11] 内閣府政府広報室（2018）をもとに作成

　内閣府 [11] の調査によると、6割の人は家具などの固定を全くやっていません。では、なぜ家具の固定をしないのでしょうか？

　図表7によれば、「やろうと思っているが先延ばしにしてしまっているから　36.0％」という理由が最も多く、次いで「面倒だから　20.3％」となっています。

　ここでも楽観主義バイアスと「自分への被害を伴う災害の発生頻度」がかかわっていそうです。「地震が起きても家具は倒れない」または「家具が倒れてきても大きなケガはしない」と思っていれば、家具を固定しようと思いません。

　また、大きな家具が倒れるほどの地震はまれにしか起きませんから、「家具の固定はまた今度にしよう」と思ってしまうのも十分理解できます。

【図表7 家具や家電の転倒・落下・移動防止対策ができていない理由（複数回答）】

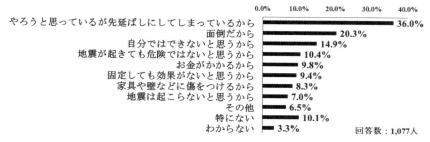

やろうと思っているが先延ばしにしてしまっているから	36.0%
面倒だから	20.3%
自分ではできないと思うから	14.9%
地震が起きても危険ではないと思うから	10.4%
お金がかかるから	9.8%
固定しても効果がないと思うから	9.4%
家具や壁などに傷をつけるから	8.3%
地震は起こらないと思うから	7.0%
その他	6.5%
特にない	10.1%
わからない	3.3%

回答数：1,077人

引用：[11] 内閣府政府広報室（2018）をもとに作成

6 災害対策を怠ってしまう心理的な要因

災害が発生しても物資不足にならなければ、備蓄をしようとは思わない

　備蓄にしろ家具の固定にしろ、やっておいて損はないはずです。しかし、「備蓄や家具の固定が重要なのはわかっているけど、今はその必要性を感じていない」という人は、少なくありません。

　ここからは、心理学の知識を用いながら、改めて「備蓄／家具の固定をしない」という行動の要因を考えたいと思います。

　心理学には、「古典的条件付け」と呼ばれる学習形態があります（【心理学コラム2】参照）。何らかの原因で物資不足が発生する（しそうになる）と、多くの人は不足する品を買いだめようとします（例：コロナ禍のマスク不足）。この行動は、ごく自然な反応だといえます。

【心理学コラム2　古典的条件付け（classical conditioning）】

　心理学における学習形態の1つで、「梅干しを見ると口の中で唾液が出る」という反応が代表的な例となります。「梅干を食べると口の中で唾液が出る」のはごく自然な反応（無条件刺激による無条件反応）ですが、「梅干を食べる」（無条件刺激）ことと「梅干」（中性刺激）が関連付けられると、「梅干」（条件刺激）を見ただけで「口の中で唾液が出る」（条件反応）ようになります。恐怖症などは、古典的条件付けによって反応が学習されている場合があります（例：過去に大きな犬にかまれた経験のある人は、大きな犬を見ただけで恐怖を感じてしまう）。古典的条件付けで学習された反応は、なくすこともできます（例：おとなしい大きな犬と何度か触れ合うことで、大きな犬に対する恐怖感がなくなる）。

　図表8にあるとおり、災害が発生するたびに食料や水が不足するのであれば、多くの人は災害の発生に備えて食料や水を備蓄しようとするはずです。

　食料や水だけでなく、トイレットペーパーや乾電池などの他の日用品も災害が発生するたびに不足するようであれば、それらの品も備蓄対象になるはずです。

　しかし、図表9のように、災害が発生しても必ずしも食料・水不足が生じないのであれば、備蓄の必要性は低下してしまいます。

【図表8　「食料・水を備蓄する」古典的条件付け例】

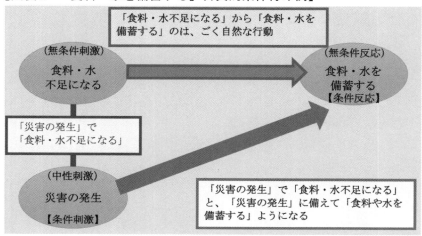

「食料・水不足になる」から「食料・水を備蓄する」のは、ごく自然な行動

（無条件刺激）
食料・水
不足になる

（無条件反応）
食料・水を
備蓄する
【条件反応】

「災害の発生」で
「食料・水不足になる」

（中性刺激）
災害の発生
【条件刺激】

「災害の発生」で「食料・水不足になる」と、「災害の発生」に備えて「食料や水を備蓄する」ようになる

【図表9　「食料・水を備蓄しない」古典的条件付け例】

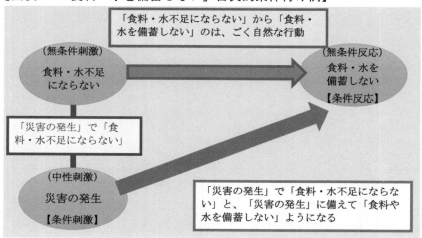

「食料・水不足にならない」から「食料・水を備蓄しない」のは、ごく自然な行動

（無条件刺激）
食料・水不足
にならない

（無条件反応）
食料・水を
備蓄しない
【条件反応】

「災害の発生」で「食料・水不足にならない」

（中性刺激）
災害の発生
【条件刺激】

「災害の発生」で「食料・水不足にならない」と、「災害の発生」に備えて「食料や水を備蓄しない」ようになる

　食料や水の備蓄だけでなく、家具の固定についても、同じように考えることができます。地震が発生するたびに大きな家具が倒れるようであれば、多くの人は食器棚や本棚を固定しようと思うはずです。

　しかし、食器棚や本棚が倒れるほどの揺れは、そうそう発生しません。「地

震が発生しても大きな家具が倒れない」という経験を何度もした人は、知ら
ず知らずのうちに「家具を固定しない」という行動を学習します（図表10）。

　地震によって家具が倒れた経験がないのですから、「家具を固定する必要
があるの？」と思うのは自然なことです。この「家具を固定しない」という
行動も、ある意味理にかなった行動だといえます。

【図表10　「家具の固定をしない」古典的条件付け例】

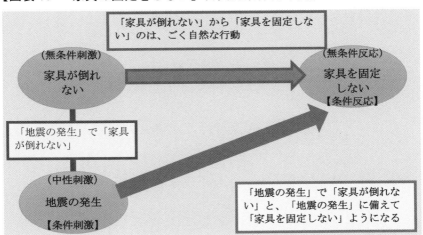

お金と手間がかかるのであれば、家具の固定は行われない

　続いて、「オペラント条件付け」（【心理学コラム3】参照）という別の学
習形態を用いて、同じように備蓄／家具の固定をしない行動の要因を考えて
みます。

　「食料・水の備蓄を行う」という自発的な行動ですが、「お金・手間がかかる」
というマイナスの要因（罰）が伴うため、備蓄の頻度は下がってしまいます
（図表11）。

　家具の固定も同様で、「家具を固定する」という自発的な行動には「お金・
手間がかかる」という罰が伴います（図表12）。そのため、「家具を固定する」
という行動の頻度は低下し、最終的にはやらなくなってしまいます。

【心理学コラム3 「オペラント条件付け（operant conditioning）」】

　ご褒美や罰により、自発的な行動の頻度を変える学習の一形態です。例えば、「テストで良い点を取る（自発的行動）→お母さんに褒められる（強化子）→もっと良い点が取れるようにさらに勉強するようになる（強化）」という行動が挙げられます。子どもや動物のしつけにおいても、オペラント条件付けは多くの場面で用いられています。ペットのしつけの例としては、「室内犬がトイレ以外の場所でおしっこをする（自発的行動）→飼い主が怒る（罰子）→トイレ以外の場所でおしっこをしなくなる（弱化）」が挙げられます。

【図表11 「食料・水を備蓄しない」オペラント条件付け例】

【図表12 「家具の固定をしない」オペラント条件付け例】

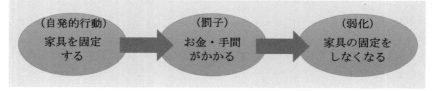

7　災害対策の必要性

人間は、そもそも防災行動に向いていない

　上述のとおり、備蓄や家具の固定がなかなか広まらない要因は、「必要性を感じない」や「お金や手間がかかる」からかもしれません。そして、そのように思ってしまうのは、人間の行動傾向（楽観主義バイアス、条件付け）を踏まえると仕方のないことだといえます。

　誤解を招くかもしれませんが、人間はそもそも防災行動（影響は大きいが

発生確率の低い事象に対する準備）には向いていないのです。とはいえ、「自分や家族の安全は自分たちで守る」というのが、防災行動の基本です。災害の多い日本に住んでいる以上、防災行動を全くしないわけにはいきません。

それでは、どうしたらより多くの人が備蓄や家具の固定をするようになるのでしょうか？

ここでは、先ほど示した備蓄や家具の固定がなかなか広まらない要因（「必要性を感じない」、「お金や手間がかかる」）を、単純に正反対の要因（「必要性を感じさせる」、「お金や手間がかからない」）に変えるという方法を考えたいと思います。

人間は、必要性を感じさせれば行動を起こす

最初に、「備蓄／家具の固定の必要性を感じさせる方法」について考えてみます。先ほど示したとおり、備蓄や家具の固定をしないのは、「備蓄や家具の固定が必要になるほどの大きな災害が頻繁に発生しないから」かもしれません。とはいえ、備蓄や家具の固定が必要になるほどの大きな災害を人為的に頻発させることはできません。

備蓄や家具の固定の必要性を感じる頻度を増やせないのであれば、代替案としては、必要性の大きさを認識させる方法が考えられます。過去の震災を見てみると、災害の発生から水道が復旧するまで、おおよそ1か月の時間がかかっています（図表13）。

【図表13　電気・水道・ガスが9割程度復旧するまでの日数】

ライフラインの種類	東日本大震災 （2011年3月11日）	阪神・淡路大震災 （1995年1月17日）
電気	6日	2日
水道	24日	37日
ガス	34日	61日

引用：［13］日本気象協会（2020）をもとに作成

もちろん、同じ被災地内でも、地域によって水道の復旧にかかる時間は異なる可能性があります。しかし、大きな災害が発生すれば、1〜2週間は蛇口をひねっても水がでないという状況は十分に考えられます。そういう状況で水の備蓄がなければ、水をどこかから入手してこないといけません。

　また、災害被災者を対象にした過去のアンケート結果を見てみると、食料や水の必要性はいずれも高い割合を示しています（図表14、図表15の枠内）。

　災害の規模などにもよりますが、災害発生後でも、国や市町村などによる公的な支援がすぐに被災者に届かない場合があります。仮に食料や水の配給が開始されても、もらえる量には限りがあります。月並みな言い方ですが、「備えあれば患いなし」なのです。

【図表14　自宅での避難生活で不自由に感じたこと（複数回答）】

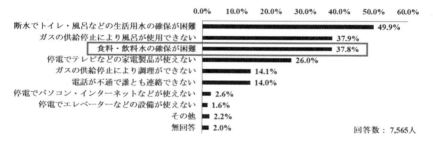

引用：［14］仙台市（2012）をもとに作成

【図表15　避難所での避難生活で困ったこと（複数回答）】

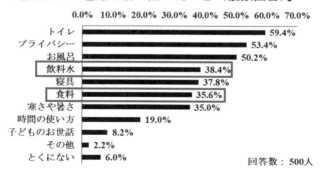

引用：［15］ネオマーケティング（2020）をもとに作成

大きな地震が発生すると、家具が凶器になる可能性がある

　同様に、家具の固定についても、その必要性の大きさを確認してみます。最初に、家具を固定しなかった家の震災後の様子を示します（図表16）。

　もし自分の家の中がこのような状況になったとしたら、自分や家族も大きなケガをしてしまう可能性があります。特に、高齢者や小さな子どもなどがいる家では、人命にかかわる事態になりかねません。

　また、過去の地震災害でケガをした人の原因を探ってみると、3～5割の人が家具類の転倒落下などによるものとなっています（図表17、18）。

　地震災害において、固定していない家具は凶器になり得るのです。家具の転倒落下などによるケガだけでなく、大きな家具が倒れることで、自宅や家具の破損を招いたり、自宅から出られなくなったりする可能性もあります。

　そういったことを考えると、まれにしか必要にならないとしても、家具の固定がとても重要であることがよくわかります。

【図表16　阪神・淡路大震災直後の家の中の様子】

写真提供：[16] 神戸市、2015

【図表17　阪神・淡路大震災における住宅内での怪我の原因】

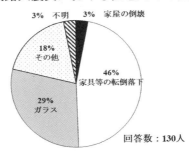

引用：[17] 北浦（1996）をもとに作成

【図表 18　過去の地震災害でケガをした人のうち
家具類の転倒・落下・移動でケガをした人の割合】

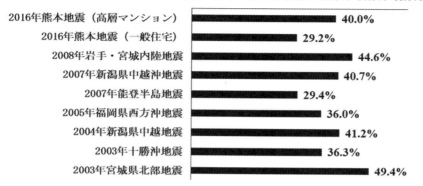

引用：[18] 東京消防庁（2020）をもとに作成

空腹はある程度我慢できるが、便意はあまり我慢できない

　少し話がそれますが、図表 14 と図表 15 を見ると、自宅・避難所での避難生活で困ったこととして、「トイレ」にかかわる項目が一番に挙げられています（図表 14 では「断水でトイレ・風呂などの生活用水の確保が困難」、図表 15 では「トイレ」）。

　これはどういうことかというと、自宅や避難所が無事であっても、断水が発生すると、水洗トイレは基本的に使えなくなります。避難所にくみ取り式の仮設トイレがあったとしても、避難者の人数によってはトイレの数が足りなくなったり、くみ取りが間に合わなくなったりする場合が考えられます。

　のどの渇きや空腹を丸 1 日我慢することは、がんばればなんとかなりそうです。しかし、便意を丸 1 日我慢することは、誰にとっても不可能です。

　非常時用の簡易トイレは、ホームセンターなどで 2,000 〜 3,000 円ほどで売られています。食料・水の備蓄や家具の固定だけでなく、災害発生直後のトイレ対策についても、事前に考えておくことをおすすめします。

8　面倒にならない程度の災害対策

お金や手間がかからない範囲で備蓄をしてみる

　次に、「お金や手間がかからない備蓄・家具固定の方法」について考えてみます。先ほど記載したとおり、食料や水の備蓄は、5人家族であれば3〜5年ごとに2万円ほどかかる計算になります。

　費用だけでなく、保管場所も考えないといけません。2リットル入りのペットボトル22.5本分は6本ケース4箱分になりますので、この量を長期間保管しておくとなると、台所の一角では窮屈そうです。どう頑張っても、食料や水の備蓄にはお金も手間もかかってしまうのです。

　かなり苦し紛れの代替案ですが、お金と手間のかからない備蓄を実現するのであれば、備蓄量を減らすしかありません。食料や水の量にこだわらず、とにかく蓄えておくのです。

　例えば食料については、普段から日持ちする冷蔵・冷凍保存が不要な食べもの（例：缶詰、インスタントラーメン、シリアル）をある程度常備するように心がけます。

　できれば水だけは最低「人数分×3リットル×3日分」は蓄えておきたいところですが、難しいようであれば推奨量の3分の1から半分程度の量（5人家族なら2リットル6本ケース1〜2箱分、一人暮らしなら2リットルペットボトル2本程度）を自宅の片隅に置いておきます。

　この備蓄量だと、実際に災害が発生して備蓄が必要になった場合は、少しひもじい思いをしてしまうかもしれません。それでも、備蓄が全くない状況に比べれば、はるかにマシです。

　特に単身者はなかなか備蓄にまで気が回らないかもしれませんが、平時に少しだけ備蓄に気を遣うことが、緊急時の大きな助けにつながるのです。

できる範囲で家具の転倒対策をしてみる

　備蓄同様、家具の固定も、お金と手間がかかります。家具の種類や大きさなどによって、固定具の費用や設置の手間にはバラつきがありますが、大

きな家具はできればＬ型金具で固定したいところです（図表 19 の上段右）。

とはいえ、「賃貸だから勝手に壁に穴をあけられない」や「お気に入りの家具に穴をあけたくない」という事情もあるかもしれません。その場合はストッパー式やマット式、ポール式の固定具を使うことになりますが、いくつか注意点があります。

ストッパー式やマット式は簡易に取りつけられますが、単独で使用しても家具固定の効果はあまり望めません。素材によっては、使用期限もあります。ポール式は天井や壁に強い圧をかけるため、十分な強度がない場合は天井や壁がへこんでしまう場合があります。

また、中途半端に設置していると強い揺れでポールがずれてしまい、地震発生時に勢いよく外れて思わぬ事故を起こしてしまう可能性もあります。

【図表 19　地震動に対する対策器具の効果】

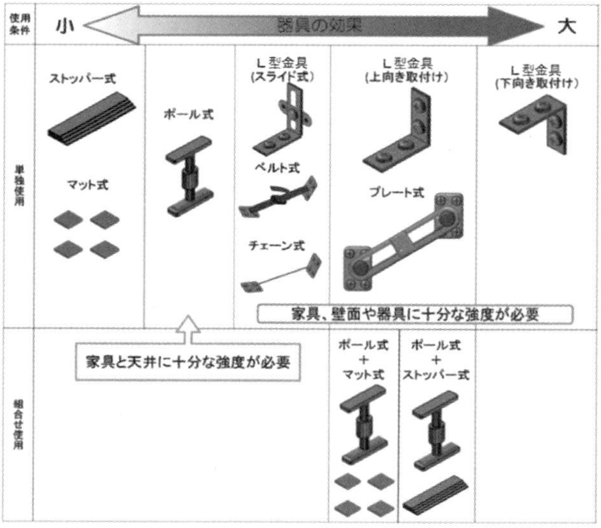

引用：［18］東京消防庁、2020

どうしても固定具を使いたくないのであれば、少なくとも自宅内の寝室や子ども・高齢者の部屋、ドアの近く、通路などに大きな家具を設置しない

ことです。

　寝室や子ども・高齢者の部屋に大きな本棚やタンスがあると、地震が発生した際、子どもや高齢者に大きな家具が倒れかかってくる場合があります。ドアの近くや通路については、家具が倒れてドアが開かなくなったり、外に出られなくなったりしてしまいます。

　震度5強以上の揺れが発生すると、固定されていない冷蔵庫や100キロ以上ある業務用のコピー機ですら、簡単に倒れたり激しい横滑りを起こしたりしてしまいます。「大地震が発生すると大きな家具は凶器になる」ということをぜひ覚えておきましょう。

　また、家具の固定だけでなく、高所（例：食器棚の上）にはなるべく物は置かないように普段から心がけておきましょう。

9　災害用語の意味

知っているようで知らない災害用語の意味

　天気予報を見ていると、「明日の朝にかけて1時間あたり○○ミリの雨が降る見込みです〜」という表現をよく見聞きします。ニュースや新聞でも、「震度」や「避難所」といった災害にかかわる用語がたくさん使われています。

　普段何気なく見聞きしているこれらの表現や用語ですが、いったいどういう意味があるのでしょうか？　また、災害にかかわる表現や用語の意味は、一般の人々にちゃんと伝わっているのでしょうか？

　ここからは、災害にかかわる表現や用語に関するクイズをいくつか出したいと思います。どの表現・用語も一度は見聞きしたことがあると思いますので、ぜひチャレンジしてみてください。最初は、「雨の強さ」に関するクイズです（【クイズ1】）。「1時間に○○ミリの雨〜」という表現は、雨天時の天気予報では必ずと言っていいほど使われる表現です。

　そこで問題ですが、「1時間に50〜80ミリの雨」はどのくらいの強さなのでしょうか？

　「1時間に50〜80ミリの雨」に該当すると思う雨の強さを、表にある5つの選択肢の中から1つ選んでみてください。

【クイズ1 「1時間に50〜80ミリの雨」はどれくらいの強さの雨か】

No.	選択肢（人の受けるイメージ）
1	ザーザーと降る
2	どしゃ降り
3	バケツをひっくり返したように降る
4	滝のように降る（ゴーゴーと降り続く）
5	息苦しくなるような圧迫感がある。恐怖を感ずる

引用：[19] 気象庁（2020）をもとに作成

1時間に50ミリの雨では、マンホールから水が噴き出す

同じクイズを1,500人の一般人に回答してもらった結果が、図表20になります。1,500人のうち300人は被災経験を持っており（災害によって人的または物的被害を受けたことのある人）、残りの1,200人は被災経験を持っていません。

図表20の結果を見ると、最も回答割合が高かったのは「3．バケツをひっくり返したように降る」で、被災経験あり群が35.3％、なし群が29.7％となっていました。

しかしながら、正解は「4．滝のように降る（ゴーゴーと降り続く）」で（図表21）、回答割合は被災経験あり群で17.3％、なし群で12.2％でした。正解の割合は、全体の2割もありませんでした。

ここで興味深いのは、最も回答割合の高かった選択肢（選択肢3）が、正解（選択肢4）よりも「弱い雨」であるという点です。ちなみに、地域にもよりますが、1時間に30ミリの雨で大雨警報が発表され、1時間に50ミリの雨でマンホールから水が噴き出る状態になります。道路は川のようになってしまいます。

ですから、「1時間に50〜80ミリの雨」というのは、極めて激しい雨であるといえます。

最近では「1時間に100ミリの雨」が降ることも珍しくありませんが、これは人命にかかわるくらいの雨の強さだといえます。車の運転も含め、外出は大変危険となります。

【図表 20 「1 時間に 50 〜 80 ミリの雨」の強さの回答】

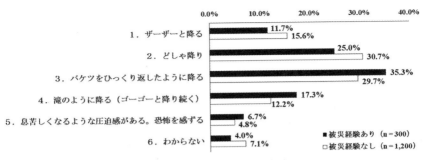

引用：［20］日本防火・危機管理促進協会、2018

【図表 21 雨の強さと降り方】

1 時間雨量 （mm）	人の受けるイメージ	人への影響
10〜20	ザーザーと降る	地面からの跳ね返りで足元がぬれる
20〜30	どしゃ降り	傘をさしていてもぬれる
30〜50	バケツをひっくり返したように降る	
50〜80	滝のように降る（ゴーゴーと降り続く）	傘は全く役に立たなくなる
80〜	息苦しくなるような圧迫感がある。恐怖を感ずる	

引用：［19］気象庁（2020）をもとに作成

　続いては、「風の強さ」についてのクイズです（【クイズ 2】）。

　正直なところ、日常生活の中で風の強さを気にすることはあまりないと思いますが、試しに答えてみてください。台風などが接近している場合に、ニュースで「最大瞬間風速○○メートルの風が吹く恐れがあります〜」という表現を見聞きしたことがあると思います。

　では、「秒速 20 〜 25 メートルの風」はどのくらい強いと思いますか？

　雨のクイズと同様に、表にある 5 つの選択肢から「秒速 20 〜 25 メートルの風」に該当すると思う強さを 1 つ選んでみてください。

【クイズ2　「秒速20〜25メートルの風」はどれくらいの強さの風か】

No.	選択肢（人への影響）
1	風に向かって歩きにくくなる。傘がさせない
2	風に向かって歩けなくなり、転倒する人も出る。高所での作業はきわめて危険
3	何かにつかまっていないと立っていられない。飛来物によって負傷する恐れがある
4	屋外での行動は極めて危険
5	わからない

引用：[19] 気象庁（2020）をもとに作成

秒速20〜25メートルの風が吹いていたら、外に出るのは危険

　図表22を見ると、最も回答割合が高いのは「2．風に向かって歩けなくなり、転倒する人も出る。高所での作業はきわめて危険」となっています（被災経験あり群で36.7％、なし群で38.5％）。

　しかしながら、正解は「3．何かにつかまっていないと立っていられない。飛来物によって負傷する恐れがある」です（図表23）。この秒速の風を時速に直すと、時速90キロほどになります。

　雨の強さ同様、風の強さにおいても、最も回答割合の高かった選択肢（選択肢2）が、正解（選択肢3）よりも「弱い風」になっています。

　ちなみに、台風が接近している時によく聞く「強風域」と「暴風域」ですが、前者は「風速15メートル／秒以上の風が吹いているか、吹く可能性のある範囲」、後者は「風速25メートル／秒以上の風が吹いているか、吹く可能性がある範囲」となっています[19]。

　風速が秒速20メートルを超えると、屋根瓦が飛んだり、プレハブ小屋などが飛ばされたりします。また、車の運転も危険となります。

　そう考えると、「秒速20〜25メートルの風」は非常に激しい風であることがわかります。ですから、秒速20〜25メートルの風が吹いているときは、外出は控えたほうがよさそうです。

　強い風が吹くのは、災害のときだけではありません。山頂や山麓ではとても強い風が吹いており、日本の富士山では、過去に最大瞬間風速で90メートル以上の風が記録されています。北米にあるロッキー山脈の東部の麓では、「チヌーク」と呼ばれる秒速30メートル以上の風が吹くことがあります。

【図表22　「秒速20 〜 25 メートルの風」の強さの回答】

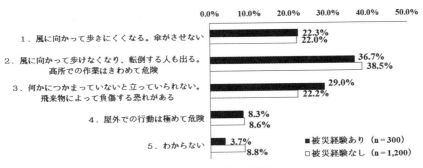

引用：［20］日本防火・危機管理促進協会、2018

【図表23　風の強さと吹き方】

平均風速（m/s）	おおよその時速	人への影響
10〜15	〜50km	風に向かって歩きにくくなる。傘がさせない
15〜20	〜70km	風に向かって歩けなくなり、転倒する人も出る。高所での作業はきわめて危険
20〜25	~90km	何かにつかまっていないと立っていられない。飛来物によって負傷する恐れがある
25〜30	〜110km	何かにつかまっていないと立っていられない。飛来物によって負傷する恐れがある／屋外での行動は極めて危険
30〜	〜125 〜 140km 〜	屋外での行動は極めて危険

注：「m/s」は「メートル／秒」の意味
引用：［19］気象庁（2020）をもとに作成

　次に、「揺れの強さ」に関するクイズです（【クイズ3】）。
　住んでいる地域にもよりますが、特に2011年の東日本大震災以降、地震速報やニュースなどで「○○県南部で最大震度○の地震が発生〜」という表示をよく見かけるようになりました。多くの人にとっては、雨や風の強さよりも、揺れの強さのほうが馴染み深いと思います。
　そこでクイズですが、「震度5強の地震」の揺れはどのくらいの強さだと思いますか？　次のクイズ3にある7つの選択肢から、「震度5強の地震」の揺れに該当する説明を1つ選んでみてください。

【クイズ3　「震度5強の地震」はどれくらいの強さの揺れか】

No.	選択肢（人の体感・行動）
1	屋内にいる人のほとんどが、揺れを感じる。歩いている人の中には、揺れを感じる人もいる。眠っている人の大半が、目を覚ます
2	ほとんどの人が驚く。歩いている人のほとんどが、揺れを感じる。眠っている人のほとんどが、目を覚ます
3	大半の人が、恐怖を覚え、物につかまりたいと感じる
4	大半の人が、物につかまらないと歩くことが難しいなど、行動に支障を感じる
5	立っていることが困難になる
6	立っていることができず、はわないと動くことができない。揺れにほんろうされ、動くこともできず、飛ばされることもある
7	わからない

引用：[21] 気象庁（2009）をもとに作成

震度5強の揺れの中では自立した歩行は困難

　図表24を見てみると、最も回答割合が高かったのは「3．大半の人が、恐怖を覚え、物につかまりたいと感じる」となっています（被災経験あり群で27.0％、なし群で27.2％）。

　しかしながら、正解は、「4．大半の人が、物につかまらないと歩くことが難しいなど、行動に支障を感じる」です。

　図表25に、気象庁による震度の説明を記載します。雨や風の強さ同様、揺れの強さについても、正解（選択肢4）よりも「弱い揺れ」（選択肢3）が、最も高い回答割合を示しています。

　なお、現在の震度階級で最大となる震度7は、1995年の阪神・淡路大震災で初めて記録されました（それまでも日本国内で大きな地震はありましたが、震度7が適用されたのはこの地震が初めてです）。この震災をきっかけに、震度階級は1996年から現在の10階級（震度0〜7）になりました。

　その後、2004年の新潟県中越地震、2011年の東日本大震災、2016年の熊本地震、2018年の北海道胆振東部地震でも、震度7が記録されています（熊本地震では2回）。

　この震度階級は日本独自のものですが、台湾でも同様の階級が使われています。

【図表24 「震度5強の地震」の回答】

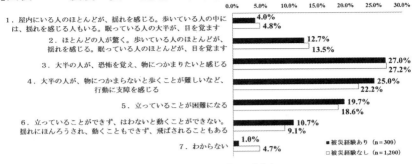

引用：［20］日本防火・危機管理促進協会、2018

【図表25　気象庁震度階級関連解説表】

震度階級	人の体感・行動
3	屋内にいる人のほとんどが、揺れを感じる。歩いている人の中には、揺れを感じる人もいる。眠っている人の大半が、目を覚ます
4	ほとんどの人が驚く。歩いている人のほとんどが、揺れを感じる。眠っている人のほとんどが、目を覚ます
5弱	大半の人が、恐怖を覚え、物につかまりたいと感じる
5強	大半の人が、物につかまらないと歩くことが難しいなど、行動に支障を感じる
6弱	立っていることが困難になる
6強	立っていることができず、はわないと動くことができない。揺れにほんろうされ、動くこともできず、飛ばされることもある
7	

注：気象庁の震度階級は0〜7の10段階で、表では震度3から記載

引用：［21］気象庁（2009）をもとに作成

10　災害情報の伝達

災害用語の意味はあまり知られていない

　これまでの3つのクイズの回答傾向からわかることは、「災害にかかわる表現や用語の意味は、一般の人々にあまり正しく伝わっていない」ということです。また、多くの人は、これらの表現や用語が示す危険の程度を低くとらえる傾向を持っているということもわかります。

　では「人はなぜ災害にかかわる表現や用語の意味を正しく理解していない

のか」という問いを、心理学で扱われる「スキーマ」を用いて考えてみたいと思います（【心理学コラム4】を参照）。

【心理学コラム4　スキーマ（schema）】

　人間が持つ「現象」や「行動」などに関する知識の枠組みのことで、物事を理解する際や判断を下す際の基礎となるものです。「一度構築されると修正が難しい」、という特徴を持っています。例えば、「夕立」という現象には、「夕方に空が突然雨雲に覆われる」や「短時間に激しい雨が降る」、「雨はすぐに止む」という知識が関連付けられているとします。この「夕立スキーマ（夕立に関する知識の枠組み）」を持っていれば、夕方突然空が暗くなったときに、「このあとすぐに雨が降り出すがすぐに止むから、外出は少し待とう」という判断を下すことが可能となります。現象や行動だけでなく、「人」や「役割」に関するスキーマもあります。

　雨量を例に挙げれば、「1時間に50〜80ミリの雨」という知識が、「滝のように降る」という知識（大きな危険を示す情報）と結びついていないことが一因となっている可能性が考えられます（図表26）。

　他の表現や用語（風速、震度）についても、同様のことがいえます。気象庁をはじめとする公的機関は、数量的な記述（例：1時間に50〜80ミリの雨）を用いて、なるべく正確に災害情報を人々に伝えようとします。

　しかし、多くの場合、人々が持つ知識の枠組みにおいては、それらの情報が危険を示す情報と関連づけられていないのです。

【図表26　「1時間に50〜80ミリの雨」スキーマ】

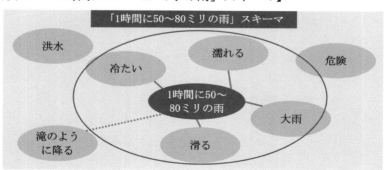

災害情報を正確に伝えることは難しい

　国や市町村などの公的機関は、災害の危険を人々に伝えるために、災害にかかわる様々な表現や用語を使っています。しかし、これらの表現や用語が人々に理解されていなければ、災害情報を発する意味がありません。

　災害の危険を正しく伝えるためには、公的機関がよりわかりやすい情報を出すべきなのでしょうか？　それとも、一般の人々が、公的機関が発する災害情報を正しく理解できるように努力すべきなのでしょうか？

　仮に気象庁（気象情報を発表する国の機関）が数量的な表現ではなく、より比喩的な表現や用語で災害情報を伝えたとしたら、そちらのほうが効果的（人々に災害の危険がより伝わる）なのでしょうか（例：「1時間に50〜80ミリの雨が降る」ではなく「滝のような雨が降る」と伝える）？

　数量的な表現は、その数量を把握していれば、どんな人にとってもその情報が示す大きさは変わりません（例：「1時間に50〜80ミリの雨」の量はどの人にとっても一定）。

　しかし、比喩的な表現は、人によって意味が大きく異なる場合があります（例：「滝のように降る」という表現はわかりやすそうですが、想像する滝によって規模が全く異なる可能性があります）。

　災害情報は万人へ正確かつ速やかに伝えなければなりませんが、受け手によって意味が大きく異なってしまっては意味をなしません。万人に正しく情報を伝えることは、非常に難しいことなのです。

11　避難所の標識

避難の標識にもいろいろな意味がある

　最後に、もう1つだけクイズを出します（【クイズ4】）。

　クイズ4に描かれているマークは避難にかかわる標識で、恐らく多くの人は、自分が住む地域のどこかでこのマークを見かけていると思います（ビルやホテルなどにある「非常口マーク」ではありません）。

　この標識は、具体的に何を示しているかわかりますか？　次のクイズ4にある6つの選択肢から、該当するものを1つ選んでみてください。

【クイズ4　この避難標識は何を示している？】

No.	選択肢
1	避難所
2	津波避難ビル
3	津波危険区域
4	津波避難場所
5	避難場所
6	わからない

引用：[22] 内閣府（2018）をもとに作成

　図表27を見ると、最も回答割合が高いのは「1.避難所」となっています（被災経験ある群で51.3％、なし群で45.9％）。正解も「1.避難所」ですので（図表28）、このクイズでは被災経験の有無にかかわらず、約半数の人が正解となります。

　しかし、逆に言えば約半数の人は避難所の標識を正しく認識していないということであり、図表27を見ると2割の人が「避難場所」を選んでいます。

　避難所は自宅に戻れなくなった被災者が一時的に滞在する施設で、避難場所は災害から命を守るために緊急的に避難する場所や施設を指します。地域や場所によっては避難所と避難場所が同一の施設に指定されている場合がありますが、異なっている場合もあります。

　また、災害の種類によっても、避難場所や避難所は異なります。大雨で高台にある洪水用の避難場所に行かなければいけないときに、低地にある地震用の避難所に行ってしまっては、かえって危険が増してしまう可能性があります。せっかくですので、これを機会に自宅周辺にある避難所や避難場所を調べてみてください。

【図表 27　避難標識の回答】

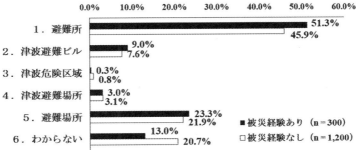

引用：［20］日本防火・危機管理促進協会、2018

【図表 28　防災標識の一例】

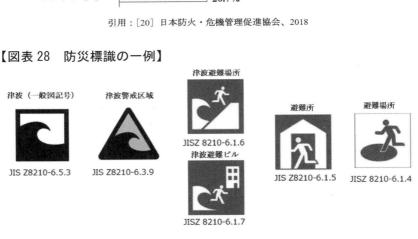

引用：［23］日本標識工業会、2016

12　災害情報の受け取り方

自然災害に対しては臆病になろう

　災害情報についてまとめると、災害にかかわる表現や用語の意味を一般の人々に伝えることは、決して簡単ではないということです。「国や市町村はもっとわかりやすく災害情報を出すべきだ！」と思っている人は、少なくないと思います。

　国は、2019 年 6 月ごろから「警戒レベル」という新しい災害情報の運用

を開始しました。簡単に言うと、「警戒レベル３」で高齢者などの避難に時間のかかる人たちが避難を開始し、「警戒レベル４」でその他の人々も避難を開始する、というものです。

　この警戒レベルと既存の避難情報（例：避難指示）・気象情報（例：大雨特別警報）の関係は、図表29のとおりです。警戒レベルは避難の必要性をよりわかりやすく伝えるために考えられた災害情報ですが、人によっては「逆にわかりにくくなった」と思うかもしれません。繰り返しになりますが、万人に正しく情報を伝えることは、とても難しいことなのです。

【図表29　５段階の警戒レベルと避難・気象情報の関係（2021年２月時点）】

警戒 レベル	住民が取るべき行動	避難に関する情報	気象に関する情報
5	既に災害が発生している状況であり、命を守るための最善の行動をとる。		大雨特別警報
4	指定緊急避難場所等への立退き避難を基本とする避難行動をとる。 災害が発生するおそれが極めて高い状況等となっており、緊急に避難する。	避難指示（緊急） 避難勧告	土砂災害警戒情報
3	高齢者等は立退き避難する。その他の者は立退き避難の準備をし、自発的に避難する。	避難準備・ 高齢者等避難開始	大雨警報 洪水警報
2	避難に備え自らの避難行動を確認する。		大雨注意報 洪水注意報
1	災害への心構えを高める。		

引用：[24] 内閣府（2019）をもとに作成

　災害情報を送る側（国や市町村）は、当然、正確な情報を迅速かつわかりやすく伝える必要があります。他方、情報を受けとる側（住民）も、発せられた情報をうまく受け取れるようにしなければいけません。具体的にいえば、災害にかかわる表現や用語の意味を今よりも理解しようとすることです。

　その際１時間あたりの雨量が示す危険性を細かく覚えたり、震度ごとの揺れの強さをすべて把握したりする必要はありません。「１時間に30ミリ以上の雨なら外出は控える」や「震度５弱以上の揺れが発生したら扉を開ける」といったように、自分なりの基準をつくってみることをおすすめします。

　また、先ほどのクイズの結果が示すとおり、自分や家族の安全を考えて、災害にかかわる表現や用語の危険度は自分が思うよりも少し大げさに受け止

めたほうがよさそうです。日本は、自然災害がとても多い国です。自然災害
に対しては、臆病になることがとても重要なのです。

13　津波の恐ろしさ

津波は世界最速の短距離ランナーよりも速く迫ってくる

　この章の最後に、津波に関する豆知識をいくつか記しておきます。図表
30 にあるとおり、陸地付近の津波の速度は、おおよそ時速 36 キロです。
時速 36 キロだと車はノロノロ運転になりますが、この速度は速いと思いま
すか？　それとも遅いと思いますか？

　2009 年のベルリン世界陸上の 100 メートル決勝でウサイン・ボルト選手
が記録したスピードが、時速 37.6 キロです。つまり、上陸した津波は、世
界最速の短距離ランナーと同じくらいのスピードで迫ってきます。しかも短
距離ランナーと異なり、津波は内陸数キロにまで迫ってくる場合があります。

　この速度と到達距離を考えれば、「津波が見えてから逃げる」ことは、実
質不可能なのです。車での避難も、渋滞を考えると安全とはいえません。沿
岸部にいるときに津波に関する警報が出されたら、「すぐに徒歩で高台に避
難する」ことがとても重要なのです。

【図表 30　津波の伝わる速さと高さ】

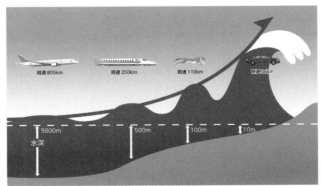

引用：[25] 気象庁、2020

水の力は、一般に思われているよりもはるかに強い

　津波の高さについてですが、内閣府の試算によると、1メートルの高さの津波に巻き込まれてしまうと、死亡率は100％に達するそうです[26]。確実に死んでしまうということです。

　図表31に、平均的な成人男性（約170センチ）を示します。1メートルというと、ちょうど胸の下あたりです。「これくらいならまだ呼吸もできるから死なないはず」と思う人がいるかもしれませんが、水の力が非常に強いことを忘れてはいけません。

　海水浴や流れるプールに行ったことのある人はわかると思いますが、ちょっとした水の流れでも、人の身体にはとても大きな力が加わります。流れの速い状態で胸の下あたりまで水に浸かってしまったら、助かることはほぼ不可能となります。

　また、津波と一緒に流木や建物の破片なども勢いよく流れているため、これらに当たったら大きなケガをしてしまう可能性があります。津波の高さにかかわらず、津波に巻き込まれることはとても危険なのです。

　図表32に、津波の高さに応じた人への影響をまとめてみました。図表32にあるとおり、30～80センチでも歩行は困難となります。80センチ以上になると（ちょうど腰のあたりの高さ）、かなり危険な状態になってしまいます。

　なお、津波ではありませんが、大雨などのニュースでは、道路が冠水している光景を目にすることがあります。あの状況で外に出ることも、非常に危険です。

　足元が水につかる程度の浸水でも、道路上にある溝やマンホール、段差、河川との境界線などが見えにくくなるため、外を歩くのは思っている以上に困難となります。大雨での避難については、道路が水に浸かる前に行うことが何よりも重要なのです。

　万一、大雨で道路が冠水しているときに外出しなければいけない場合は、靴に気を付ける必要があります。水深がそれほど深くない場合は、普通の長靴でも大丈夫です。しかし、水深が長靴の丈以上の場合は、長靴の中に水が入って歩きにくくなってしまうため、ひも靴のほうが安全となります。

【図表 31　浸水深と成人男性の比較（身長約 170㎝)】

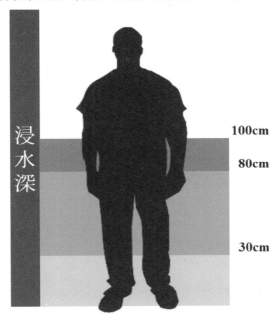

浸水深

100cm
80cm
30cm

【図表 32　津波の高さと人への影響】

浸水深	歩行者への被害
30cm 未満	流速がかなり速い場合や歩行者が子供以外であれば、被害の発生はない。
30〜80cm	歩くにはかなり困難であるが、大人であれば生命の危険性は少ない。ただし、流速が速い場合や子供や路面に障害物がある場合には人的被害発生の可能性が高い。
80〜100cm	流速が遅く、路面の状況が良い場合には歩行が可能ではあるが、人的被害発生の可能性は非常に高い。
100cm 以上	道路歩行中の人は、ほぼ絶望である。（木など高いものに登るしかない)

引用：［27］千葉県（2019）をもとに作成

車が 30 センチ水に浸かると、運転はとても危険になる

　続いて、津波の高さと車の比較をしてみたいと思います。車のタイプや大きさによって若干異なりますが、浸水深 10 センチではタイヤが少し水に浸

るくらい、30センチになるとタイヤの半分が浸水する高さとなります（図表33）。50センチの高さだと、ドアの半分が水に浸ってしまいます。

　それぞれの津波の高さが車に与える影響ですが、図表34を見ると、浸水深が10センチ未満であれば、まだ車での走行は可能となります。

　しかし、浸水深が30センチくらいの高さになると、ブレーキが利かなくなったり、エンジンが止まったりします。浸水深が50センチくらいになると、車体が浮いたり、水圧でドアが開かなくなったりします。

　浸水深が30センチを超えるあたりからかなり危険な状況になりますので、車の運転は控えたほうが賢明です。津波だけでなく、大雨などの時にも、アンダーパス（交差する道路の下をくぐる道路）のような水のたまりやすい場所には行かないようにしたほうがよさそうです。

【図表33　浸水深と車の比較（車高約150cm）】

【図表34　津波の高さと車への影響】

浸水深	歩行者への被害
10cm 未満	走行に関し、問題はない。
10〜30cm 以上	ブレーキ性能が低下し、安全な場所へ車を移動させる必要がある。
30〜50cm	エンジンが停止し、車から退出を図らなければならない。
50cm 以上	車が浮き、また、パワーウィンドウ付きの車では車の中に閉じ込められてしまい、車と共に流出され非常に危険な状態となる。

引用：［27］千葉県（2019）をもとに作成

第2章
災害発生後の心理と行動傾向

1 1991年雲仙普賢岳噴火直後の行動傾向

火砕流の温度は数百度、速度は時速 100 キロ以上

　自然災害は、種類によって発生の仕組みが大きく異なります。そのため、現代の科学技術である程度発生の予測ができるものもあれば、そうでないものもあります。

　例えば、台風や豪雨の発生はある程度事前に予測することができますが、火山噴火は明確な前兆がなくても突然発生することがあります（例：2014年 9 月 27 日の御嶽山噴火）。

　地震については、現代の科学技術では正確な発生予測は困難だといわれています（「緊急地震速報」は地震発生後に大きな揺れが発生する前に発せられる情報です）。

　災害の種類によって発生予測の精度にはかなりばらつきがありますが、それでもひとたび災害が発生すれば、公的機関によって災害や避難にかかわる情報が出されます。

　そのような状況において、人間はどのような行動をとる傾向があるのでしょうか？　この章では、過去の災害事例を参考にしながら、災害発生直後の行動傾向について考えてみたいと思います。

　最初の災害事例として、1991 年 6 月 3 日に大規模な火砕流を発生させた雲仙普賢岳の噴火を取り上げます（図表 35）。

　火砕流とは火山灰や高温の火山ガスなどが混ざり合った状態で地表に沿って流れる現象で、温度は数百度、速さは時速 100 キロ以上にもなります [28]。

　当然、人が火砕流に飲まれれば死んでしまいます。火砕流が人の住む地域に到達してしまうと、建物や自動車も大きな被害を受けることになります。

　また、津波と同じで、火砕流が迫ってきてから避難を開始しても、間に合わない可能性が高くなります。

　1991 年の雲仙普賢岳の噴火では、大規模な火砕流により、44 人が犠牲になっています（図表 36）。雲仙普賢岳は 1990 年 11 月に約 200 年ぶりに噴火しており、大火砕流の発生はそれから半年以上あとになります。

大火砕流の発生1週間前には、周辺地域に避難勧告も出されています。そういった状況の中で、周辺に住む住民たちは大火砕流の発生直後にどのような行動をとっていたのでしょうか？

【図表35　雲仙普賢岳の火砕流】

引用：[28] 気象庁、2020

【図表36　雲仙普賢岳噴火の概要】

項目	内容
発生時期	1991年6月3日（大火砕流が発生した日）
被災地域	長崎県島原市、深江町（現：南島原市）、有明町（現：島原市）
人的被害	死者・行方不明者44人
物的被害	建物被害2,511棟
備考	● 1990年11月17日に198年ぶりに噴火 ● 1991年5月26日に周辺地域に避難勧告が出される ● 1991年6月3日に周辺地域に警戒区域が設定され約1.1万人の住民が避難

引用：[29] 内閣府（2007）をもとに作成

火砕流の発生直後、多くの住民は情報収集や避難準備をしていた

　大火砕流発生直後の行動について、災害研究者が被災住民を対象に調査を実施しています（図表37）。大火砕流発生直後にとられた行動で最も割合が高いのは、「テレビやラジオの放送に注意した　57％」、次いで「山のようすを注意して見た　45％」、「避難の準備をしたり、戸締りをした　40％」となっています。

　割合の高い行動を見てみると、情報収集（テレビ・ラジオを見る、山の様子を見る、広報車・同報無線に注意する）や避難準備（戸締りをする、火の始末をする）にかかわる行動が多いようです。

　一方、「家族を安全な場所に避難させた」は34％、「自分が安全な場所に避難した」は14％となっています。これらの割合を踏まえると、被災住民の多くは、「火砕流が発生してすぐに避難した」というわけではなさそうです。

【図表37　大火砕流発生直後の対応行動（複数回答）】

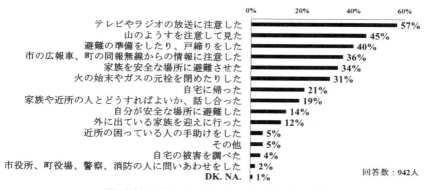

引用：[30] 廣井・吉井・山本・木村・中村・松田（1991）をもとに作成

2　2018年西日本豪雨発生直後の行動傾向

近年、豪雨災害は全国各地で発生している

　続いて、豪雨災害発生直後の行動を見てみたいと思います。2018年6月

末〜7月初旬にかけて、西日本を中心に各地でとてつもない量の雨が降りました。

　この西日本豪雨（正式名は「平成30年7月豪雨」）では、広島県（109人）、岡山県（61人）、愛媛県（29人）で多くの住民が犠牲となってしまいました[31]（図表38）。

　特に、岡山県倉敷市で多数の犠牲者が発生しており、同市真備町では51人もの住民が亡くなっています[33]。

　近年は全国各地で大規模な豪雨災害が発生しているため（例：2020年7月豪雨、2019年9月台風19号、2017年7月九州北部豪雨、2014年8月広島土砂災害）、日本のどの地域に住んでいても、豪雨災害に遭ってしまう可能性があります。

　それでは、人間は豪雨災害に遭遇した時、どのような行動傾向を見せるのでしょうか？

【図表38　西日本豪雨（平成30年7月豪雨）の概要】

項目	内容
発生時期	2018年6月28日〜7月8日
被災地域	広島県、岡山県、愛媛県　など
人的被害	死者224人、行方不明者8人、負傷者459人
物的被害	住家全壊6,758棟、半壊10,878棟、一部損壊3,917棟、床上浸水8,567棟、床下浸水21,913棟
備考	● 6月28日から7月8日までの総降水量は、四国地方で1,800ミリ、東海地方で1,200ミリを超える（7月の月降水量平年値の2〜4倍） ● 1府10県で大雨特別警報が発表される ● 7月1〜5日にかけて最大風速20メートルを超える風を記録

引用：[32] 気象庁（2020）をもとに作成

多くの住民は、情報収集や避難準備、家族の安否確認をしていた

　西日本豪雨の発生後、岡山県が県内の被災住民を対象にアンケートを実施しています。「大雨特別警報発表後の行動」について被災住民に尋ねたところ、図表39の結果が得られました。

最も割合が高い行動は「テレビ等をつけっぱなしにして情報収集した」（4市で55.4％、真備町で56.0％）、次いで「外に避難するための準備をはじめた」（29.8％、29.5％）、「懐中電灯など非常時の物品を出した」（29.2％、28.4％）の順となっています。

　上述の雲仙普賢岳噴火のときと同じで、情報収集（テレビ等で情報収集）や避難準備（避難準備をする、非常時の物品を出す）にかかわる行動が多いようです。「家族・親せきに連絡をした」も高い割合を示していますから（28.4％、28.2％）、家族の安否確認をした人も少なくないといえます。

　「避難所に行った」は4市で22.3％、真備町で22.0％となっていますので、大雨特別警報の発表を受けて避難所に向かった人は4〜5人に1人くらいのようです。

【図表39　大雨特別警報発表後の行動（複数回答）】

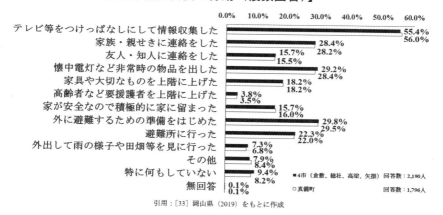

引用：[33] 岡山県（2019）をもとに作成

3　2011年東日本大震災発生直後の行動傾向

死者の9割以上が津波による溺死

　次に、東日本大震災時の被災住民の行動を詳しく見ていきたいと思います。図表40にもあるとおり、この震災よる主な被害は、地震ではなく津波によ

るものです。特に東北3県（岩手県、宮城県、福島県）の沿岸部では、10メートルを超える津波が記録されている地域もあります。また、犠牲者の6割以上は、60代以上の高齢者となっています。

　前章の最後に説明したとおり、津波の場合はひざまで水に浸かっただけでもかなり危険な状態となります。自分の身長よりもはるかに高い津波が短距離ランナーのスピードで襲ってくることを考えれば、沿岸部では「地震発生後にいかに早く避難を始めるか」が生死の分かれ目になることがわかります。

　3月11日の大地震発生直後、東北沿岸部の被災住民はどのような行動をとっていたのでしょうか？

【図表40　東日本大震災の概要】

項目	内容
発生時期	2011年3月11日
被災地域	岩手県、宮城県、福島県　など
人的被害	死者15,811人、行方不明者4,035人
物的被害	全壊建物117,542戸、半壊177,192戸
備考	● 世界で記録された地震の中では4番目の規模（マグニチュード9.0） ● 死者の9割以上が津波による溺死 ● 被災地域では10メートルを超える津波を記録

引用：［34］中央防災会議（2011）をもとに作成

地震発生後、4割を超える被災者はすぐに避難を開始していない

　東北3県の被災住民を対象とした調査によると、57％の被災住民は地震後すぐに避難を開始しています（図表41）。31％は地震後になにかしらの行動を終えてから避難を開始しており、11％は他の行動をしている最中に津波に迫られています。

　先に示した雲仙普賢岳噴火時や西日本豪雨時の行動と比べると、避難の割合が高いことがわかります。逆に言うと、沿岸部であのレベルの地震が発生しても、4割を超える住民はすぐに避難を開始していなかったことになります。

【図表41　揺れがおさまった後の避難行動】

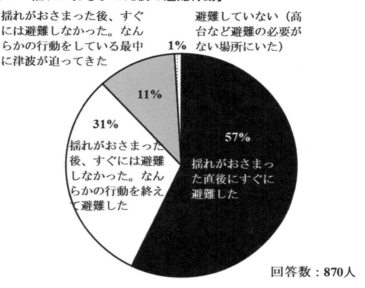

引用：［34］中央防災会議（2011）をもとに作成

大地震発生後に津波の襲来を予測していた人の割合は半数以下

　地震後すぐの避難を「直後避難」（図表41の57％の部分）、なにかしらの行動をした後の避難を「用事後避難　31％」、津波が迫ってきてからの避難を「切迫避難　11％」とします。

　この3つの避難パターンごとに、地震後の津波襲来予測の内訳を見てみます（図表42）。

　図表42にある枠内部分が示すとおり、直後避難をした人でさえ、地震後に津波の襲来を予測していた人は49％です（「自分のいた場所に津波が必ず来ると思った　34％」と「自分のいた場所に津波が来るだろうと思った15％」の計）。この割合は、用事後避難で42％、切迫避難では30％となります。

　つまり、幸いにも津波から逃れられた被災住民の多くは、津波の襲来を予測していなかったことになります。悪い出来事の予測はとても難しいのです。

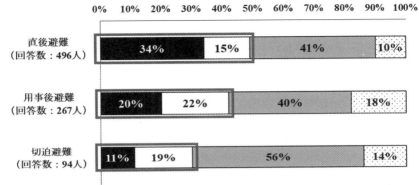

【図表 42　避難パターンと津波襲来に対する意識】

引用：［34］中央防災会議（2011）をもとに作成

多くの被災住民が、家族の安否確認を行っていた

　では、すぐに避難しなかった人たち（用事後避難と切迫避難をした人たち）は、地震後なにをしていたのでしょうか？

　図表43を見てみると、「自宅に戻ったから　22％」や「家族を探しにいったり、迎えにいったりしたから　21％」、「家族の安否を確認していたから　13％」など、家族の安否確認にかかわる行動が高い割合を示しています。

　当時、東北の被災地域では地震によって電話回線やインターネット回線が途絶したため、家族と連絡を取るのもかなり時間がかかっていたはずです。

　被災地域によっては、地震の30分後くらいには津波の襲来が確認されています。家族の存在は誰にとっても大切ですが、この状況で避難以外に時間を割くことは、自分の命を危険にさらすことになります。

　すぐに避難をしなかったその他の理由としては、「過去の地震でも津波が来なかったから　11％」や「地震で散乱した物の片づけをしていたから　10％」などが挙げられています。

【図表43　すぐに避難しなかった理由】

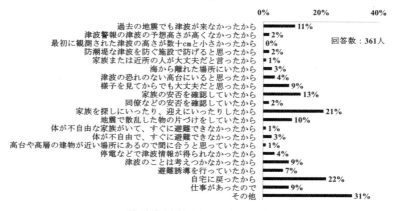

引用：[34] 中央防災会議（2011）をもとに作成

沿岸部で大きな地震に遭遇したら、早期避難が最も重要となる

　逆に、すぐに避難できた人たち（直後避難と用事後避難をした人たち）は、どのようなきっかけで避難を開始したのでしょうか？　図表42でも示されていますが、すぐに避難した人たちの中でも、「大きな揺れから津波が来ると思ったから　48％」という人は半数程度です（図表44）。

【図表44　避難したきっかけ】

引用：[34] 中央防災会議（2011）をもとに作成

その他のきっかけを見てみると、「家族または近所の人が避難しようといったから 20％」や「津波警報を見聞きしたから 16％」、「近所の人が避難していたから 15％」が高い割合を示しています。

「周囲の人の行動に合せたこと」、そして「公的な災害情報を見聞きしたこと」が、避難のきっかけになっていたようです。

最後に、3つの避難パターンごとに、避難時に「津波に巻き込まれたか否か」を見ていきたいと思います。「津波に巻き込まれて流された」と「途中で津波が迫り、体が濡れたりした」の割合を見てみると、直後避難では5％、用事後避難では7％となっています（図表45）。

一方、切迫避難では、49％の被災住民が津波に巻き込まれています。この割合を見て、「津波に巻き込まれてもちゃんと逃げられているじゃないか」と思う人がいるかもしれません。

しかし、このアンケートに回答できた人たちは津波から逃れられた人たちだけです（死んでしまってはアンケートに答えられません）。

津波の犠牲になった切迫避難者たちがどのくらいいたのかははっきりとしませんが、直後避難者や用事後避難者よりも高い割合であると考えられます。この点を踏まえれば、津波災害における早期避難の重要性がよくわかります。

【図表45　避難行動パターンと津波との遭遇】

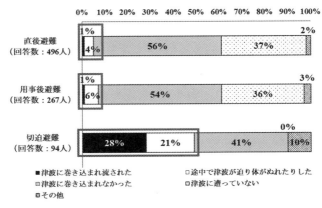

引用：［35］内閣府（2011）をもとに作成

4 災害発生直後に避難よりも優先される行動

災害が発生しても、多くの人はすぐに避難しない

避難は、自然災害から身を守るために個人がとり得る最も基本的かつ効果的な行動になります。いくら防災技術や災害対策が進歩したとしても、避難の重要性は今後も変わりません。

特に災害の発生がある程度事前に把握できる台風や豪雨などの風水害においては、危険な地域から速やかに避難することによって、被災する可能性を大幅に低減させることができます。

しかし、近年発生した風水害だけに限っても（例：西日本豪雨、2019年9月台風19号）、逃げ遅れによると思われる犠牲者は決して少なくありません。

本章の冒頭で3つの災害事例（雲仙普賢岳噴火、西日本豪雨、東日本大震災）を取り上げましたが、どの事例においても、「すぐに避難をする」という行動の割合はそれほど高くありませんでした。実は、「災害が発生しても人はすぐに避難しない」という行動傾向は、これまでも国内外で繰り返し確認されています [36,37]。

なぜ人は、危険が迫っているのにすぐに避難しないのでしょうか？　冒頭の3つの災害事例においては、「情報収集」や「家族の安否確認」、「避難準備」が、避難よりも優先されているようでした。これらの災害事例以外でも、同様の行動傾向は確認されているのでしょうか？

災害が発生すると、人はその事実を自分で確認したくなる

災害研究者によると、災害情報や避難情報などの警告が発せられた後に住民がその情報を受け取って最初に行う行動は、「警告の真偽確認」とされています [38]。

例を挙げると、ある地域に大雨による警報や避難指示が発せられたとしたら、その地域の人々はまず外の様子を確認したり、テレビや家族などを通したりして、自分の身に本当に危険が迫っているかどうかを改めて自分自身で

確認します。

　この行動傾向に関しては、発せられた警告の情報源や入手方法にかかわらないとされています。つまり、例え国や市町村などの公的機関が災害・避難情報を発したとしても（例：防災行政無線や防災メールを通した大雨特別警報や避難指示）、人々は何らかの方法を用いて、その情報の真偽を改めて自分自身で確認しようとするのです（例：避難指示の発令をテレビや家族に再確認する）。

　なお、警告の真偽確認を行わない、またはその確認に失敗した場合は、その後避難は行われない傾向にあるとされています [38]。

　どうやら、避難前の情報収集（警報の真偽確認含む）は、かなり強固な行動傾向のようです。

緊急時には家族の安否確認が優先される

　情報収集だけでなく、人間は、災害発生時に家族単位で避難を行おうとする傾向も持っています [39]。災害が発生して避難を要する状況に遭遇したら、人は一人ですぐに避難するのではなく、家族が揃うまで避難を控える傾向があるのです。

　近年の調査においても、この傾向は確認されています。図表 46 を見ると、避難を要する場面に遭遇しても、約３割の人は「家族（または同居人）全員がそろってから避難する」、約５割の人が「その時点で在宅している家族（または同居人）と避難する」と回答しています。「ひとりで避難する」と回答した人は、全体の１割程度に留まっています。

　よくよく考えると至極当然ですが、災害発生時に家族を置いて自分ひとりだけ避難することは、到底できそうもありません。

　なお、避難の際には必ずしも対面で家族と会う必要はなく、何らかの方法で家族の居場所や安否の確認ができればよいとされています [38]。

　仕事や学校などで災害発生時に家族と離れ離れになっている人は、自宅に戻らなくても、携帯端末経由で家族の安否確認が、取れればいいというわけです。警告の真偽確認とともに、家族の安否確認も、災害発生時に避難よりも優先される行動だといえます。

【図表 46　風水害において自宅から避難する際の同行者有無】

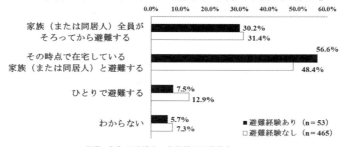

引用：[9] 日本防火・危機管理促進協会、2020

避難をする前には避難準備が行われる

　続いては、避難準備についてです。公的機関から避難情報が出されたからといって、着の身着のままで避難先に向かう人はあまりいないと思います。

　実際のところ、一般人を対象に「避難情報が出された時の行動順序」を尋ねた最近の調査でも、避難準備（「7. 避難の準備をする（家族・ペットの避難準備を含む）」）が避難（「8. 安全な場所に避難する（例：自宅の2階、指定避難場所、親類宅)」）の前に選ばれています（図表47）。

　当然と言えば当然ですが、多くの人は、避難をする前に必要最低限の持ち出し品を避難先に持っていこうと考えます。持ち出し品の種類や数は人それぞれだと思いますが、速やかな避難のためには、少なくとも必要最低限の持ち出し品は平時から準備しておいたほうがよさそうです。

【図表 47　避難情報が発表されたときに想定される行動の順序】

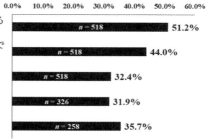

注：行動の選択肢は全部で **11**（詳細は割愛）
引用：[40] **Nogami（N. A.）**をもとに作成

5　避難をするために必要な行動

避難をするためにはいくつかの行動をとる必要がある

　ここまでの内容を整理します。過去の災害事例や災害研究の結果によると、災害発生直後に避難より優先される行動としては、「情報収集」と「家族の安否確認」、そして「避難準備」が挙げられます。

　さらに、図表 47 の結果を踏まえると、避難情報などが発表された後に最初にとられる行動は情報収集（「外の様子を確認する」、「テレビやインターネットで情報を収集する」）、次いで家族の安否確認（「家族に連絡する」）となりそうです。

　災害の種類や規模などにもよると思いますが、この 2 つの行動の後に「避難準備」が続きそうです。また、災害は突然発生する場合がありますから、外出中に災害に遭う可能性も十分考えられます。

　そのような状況では「自宅に戻る」という行動が見られるようになりますが（例：図表 37、図表 43）、この行動には家族の安否確認だけでなく、情報の収集（例：帰宅してテレビを見る）や持ち出し品の準備といった行動も多分に含まれている可能性があります。

　災害・避難情報に限らず、情報の真偽を自分自身で確認することは、至って普通の行動に見えます。また、家族は誰にとっても最も重要な存在ですから、災害発生時に家族の居場所確認や安否確認を最優先することは、人間にとって至極当然の行動といえます。同様に、避難の前にその準備をすることも、極めて自然な行動だとえいます。

　しかし、災害発生直後の時間的に余裕のないときに、これらの行動に多くの時間を割いてしまうと、必然的に避難の開始も遅れてしまいます（自分の命を危険にさらしてしまう）。危険が差し迫った状況で速やかな避難を行うためには、これらの行動にかける時間をなるべく少なくする必要があります。

　なお、豪雨や台風の中、川や海に様子を見に行った住民が濁流や高波に飲まれて行方がわからなくなってしまう事故をニュースなどで見聞きすることがありますが、多くの場合、これらの行動も情報収集や避難準備の一種だと

いえます（例：自分の田畑の様子を見に行く、避難の前に港に停泊している漁船の安全を確認しに行く）。

6　逃げ遅れの原因

他の行動に時間をかけすぎてしまうと、避難のタイミングを逃してしまう

　情報通信技術の発展により、一昔前に比べると、今は情報の収集も家族への連絡も随分と容易かつ迅速に行えるようになりました。

　しかし、大きな災害の発生後は、停電や通信インフラの途絶が発生する可能性も十分に考えられます。そのため、情報収集や家族への安否確認に関しては、情報通信技術によらない代替方法も検討しておく必要があります。

　情報収集については、例え停電や通信インフラの途絶が発生しても、近所の人と話したり、外の様子を確認したりすることで行えそうです。

　しかし、電話やインターネットが使えないと、離れた家族の安否確認は難しそうです。そうなると、災害発生時においても迅速に避難を開始することが難しくなります。

　そうならないように、電話やインターネットが使えない状況での安否確認方法（各自の避難方法）も、事前に家族と話し合っておいたほうがよさそうです。

　災害を扱うニュースやテレビ番組では、よく「災害発生時の逃げ遅れ」の問題が取り上げられます。災害発生時に逃げ遅れる人たちは、「避難情報を無視したり、災害の怖さを軽視したりする人たち」のように聞こえるかもしれません（【心理学コラム5】参照）。

　逃げ遅れの原因はいろいろあると思いますが、避難の前にとられる行動が1つの要因となっている可能性があります。

　上述したとおり、情報収集や家族の安否確認、避難準備は、災害発生直後において避難よりも先に行われる傾向があります。よほど切迫した災害状況でない限り、これらの行動を実施せずに避難を行うことはできそうもありません。

　台風や豪雨などの風水害は瞬く間に状況が悪化する場合がありますから、

情報収集や家族の安否確認、避難準備に時間をかけ過ぎてしまうと、知らないうちに逃げ遅れてしまう可能性があります（例：道が冠水して家から出られなくなる）。

　特に災害発生時の逃げ遅れは高齢者に多く見られますが、若年層に比べ、高齢者はこれらの行動にかける時間が多くなってしまうのかもしれません。

【心理学コラム5　正常化の偏見（normalcy bias）とは？】

　東日本大震災以降、「正常化の偏見」という言葉をよく耳にするようになりました（「正常性バイアス」とも呼ばれているようです）。インターネット上などでは「認知バイアスの一種で、災害などの不測の事態において脅威を知らせる警告を無視したり軽視したりする傾向」と説明されており、避難遅れの主要な原因の1つとして考えられています。しかしながら、この概念を扱う心理学系の研究（実験や質問紙などで正常化の偏見を検証している研究）は多くありません。マスコミや防災冊子などには頻繁に出てくる言葉ですが、この言葉の一般的な認知度と学術的な位置づけには大きな隔たりがあるようです。

災害発生直後は、身の安全の確保を最優先する

　警告の真偽確認や家族の安否確認、避難準備以外にも、避難前にとられる行動があります。その行動は、携帯電話やスマートフォンなどの携帯端末が普及し始めた2000年以降に確認されるようになりました。一体、どんな行動でしょうか？　答えは、携帯端末による撮影です。

　最近のニュース番組やインターネット上の動画共有サイトでは、被災者自身が撮影した災害発生直後の写真や動画を簡単に見つけることができます。非常に迫力があり、災害の怖さを多くの人に伝える有効な方法となっています。

　一方で、写真や動画の撮影に夢中になり過ぎて、被災者が避難の機会を逃してしまう危険性もあります。実例を挙げると、2014年9月27日に噴火した御嶽山では（死者・行方不明者63人）、多くの被災者が噴火の様子を撮影しています（動画共有サイトで見られます）。噴火後の報道によると、犠牲者のほぼ半数が噴火の写真を撮影していたそうです。

　決定的瞬間を記録したい気持ちはわからなくもありませんが、災害発生時

に写真や動画の撮影を行うのは、自分の身の安全を確保してからにしたほうがよさそうです。

7　逃げ遅れにかかわるその他の要因

人間は、危ないと思わなければ避難しない

　せっかくなので、逃げ遅れにつながる可能性のある要因をもう2つほど挙げておきます。

　1つ目は、「災害情報などが示す危険性を低く受け止めること」です。第1章で示したとおり、多くの人は、災害情報などが示す危険性を低くとらえる傾向があります。

　例えば、一般の人々に危険を示す情報ごとに「避難をする必要がある」と思う程度を尋ねたところ、図表48の結果が得られました。図表48の上段の「災害情報」にある「1時間に50ミリの雨」を見てみると、平均値は5段階評価で2.89になっています（5が最も避難の必要性が高い）。

　この値は、回答者の多くは「1時間に50ミリの雨では避難の必要はそれほどない」と考えていることを示しています。しかし、1時間に50ミリの雨は、「バケツをひっくり返したように降る」くらいの雨です [19]。地域によっては、大雨・洪水警報が出されるくらいの激しい雨です。

　災害情報などが示す危険性を低く受け止めてしまう原因の1つは、前章で説明したとおり、単純に「災害情報などが危険を示す情報と関連づけられていないから」だといえます。端的に言えば、「1時間に50ミリの雨」の怖さがよくわかっていないからです。

　山の怖さを知らない人は、軽装備で入山することにあまり抵抗を感じないはずです。同様に、新型コロナウイルス感染症の怖さをよくわかっていない人たちは、3密状態の場所にも躊躇なく訪れることができるはずです。

　自然災害に対して臆病になることは、とても重要なことです。しかし、臆病になりすぎて、些細な危険信号に対して毎回過敏に反応してしまったら、日常生活を安心して営めなくなってしまいます。簡単なことではありませんが、自然災害に対しては適度に臆病になることが必要なのです。

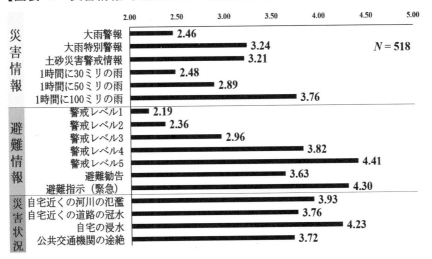

【図表 48　災害情報・状況ごとの「避難をする必要がある」と思う程度】

	値
災害情報	
大雨警報	2.46
大雨特別警報	3.24
土砂災害警戒情報	3.21
1時間に30ミリの雨	2.48
1時間に50ミリの雨	2.89
1時間に100ミリの雨	3.76
避難情報	
警戒レベル1	2.19
警戒レベル2	2.36
警戒レベル3	2.96
警戒レベル4	3.82
警戒レベル5	4.41
避難勧告	3.63
避難指示（緊急）	4.30
災害状況	
自宅近くの河川の氾濫	3.93
自宅近くの道路の冠水	3.76
自宅の浸水	4.23
公共交通機関の途絶	3.72

N = 518

自宅で避難する場合は事前に自宅の安全性を確認しておく必要がある

　逃げ遅れにつながる可能性のある要因の2つ目は、避難先です。風水害発生時の避難先を尋ねた調査項目では、「自宅内の安全な場所（例：2階）」が最も割合が高く、次いで「市区町村が指定する避難所・避難場所」となっています（図表49）。

　市町村が設置する避難所はすべての住民を収容することはできませんから（通常は避難所収容人数よりも地域の人口のほうが多い）、台風や豪雨のときに自宅を避難先にすること自体は決して間違ってはいません。感染症対策の面からも、不特定多数の人が集まる避難所はできれば避けたいところです。

　ただし、自宅を避難先にできるのは、浸水や土砂災害の危険性が低い場合のみです。西日本豪雨で51人の犠牲者を出した倉敷市真備町では、44人（86.3％）が自宅で亡くなっています[33]。

　風水害のときに自宅を避難先にするのであれば、少なくとも事前に自宅が浸水や土砂災害の危険区域に入ってないかどうかを確認しておく必要があります。

【図表 49　想定される避難先】

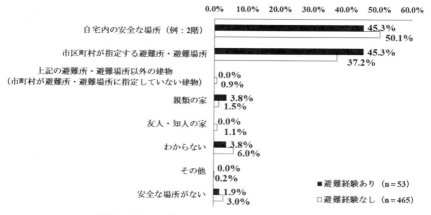

引用：［9］日本防火・危機管理促進協会、2020

8　避難にかかわる研究結果その1

過去の被災経験は、避難行動とそれほど強く結びついていない

　これまでに確認した「避難よりも優先される行動」（情報収集、家族の安否確認、避難準備）は、逃げ遅れの原因になってしまう可能性があります。では逆に、避難を促すような要因はあるのでしょうか？

　自然災害における避難行動の促進に関しては、半世紀以上に渡って様々な要因が検証されてきました。災害研究は 1950 年代ごろからアメリカを中心に発展してきているため ［41］、特にアメリカ国内の災害事例を扱った研究が多くなっています（例：ハリケーン）。

　研究結果にかかわる文化差や災害種別などを考慮する必要はありますが、ここでは近年刊行された避難行動に関する 2 つの研究に基づきながら、これまでに検証されてきた「避難を促す要因」を整理したいと思います。

　最初に、Huang ら ［42］の研究を取り上げます。Huang らは、ハリケーン襲来時の避難行動に関する先行研究の結果を収集し、再検証を行っています。

　検証結果を見てみると、「年齢」と「性別」に関しては、女性ほど避難し

やすく、また、年長者ほど避難しにくい傾向が確認されています。しかし、どちらの要因も、避難行動との明確な（統計的に有意な）関連は確認されていません。「配偶者の有無」や「世帯規模」、「子どもの有無」、「学歴」、「年収」、「人種」についても、避難行動との高い関連性は確認されていません。「移動住宅（トレーラーハウス）」および「危険区域での居住」は、どちらも該当者ほど避難意思・実施の傾向が高いと報告されています。

　また、「公的な災害情報（連邦政府や州が発する自主避難情報や避難命令など）」や「外の様子（例：雨や風の強さ）」、「周囲の人の避難状況」、「自分自身への被害予測」についても、避難行動と明確な関連が確認されています。意外なことに、「過去の被災経験」については、避難行動との明確な関連性は確認されていません。

　Huang らの検証結果をまとめると、次のとおりとなります。

　避難行動の意思や実施有無に関しては、性別や年齢などの人口統計学的な要因はあまり大きく関係していない可能性が考えられます。

　他方、移動住宅や危険区域の居住者には、高い避難意思・実施の傾向が確認されています。これらの住宅や区域は一般的な住宅や非危険区域と比べて災害（ハリケーン）に弱いため、当該住宅・区域の居住者は、そうでない人に比べてハリケーン襲来時の危険性をより高く認識しているのかもしれません。

　また、移動住宅に関して言えば、ハリケーン襲来時に住宅ごと移動ができるため、一般住宅の居住者よりも避難が容易な可能性も考えられます。

国や市町村が発する災害情報や周囲の人の行動は、避難のきっかけとなる

　公的な避難情報や外の様子は、避難を促す大きな要因となっています。これらの要因については、日本国内の災害事例や調査でも同様の傾向が確認されています［43～45］。

　周囲の人の避難状況も避難を促す要因であり、人間が緊急時に他の人の行動を参照する傾向を持っていることは以前から指摘されています［46］。近所の人たちが避難している姿を見て、自身に迫る危険をより明確に認識するのかもしれません。

また、自分自身への被害予測と避難行動との関連はごく自然な行動パターンとして解釈でき、危険をより明確に認知している人（自分への被害予測が高い人）ほど、迫りくる危険に対する回避行動（避難）を行いやすいといえます。

　過去の被災経験は避難行動との関連が確認されていませんが、これは被災の程度に起因している可能性が指摘されています（規模の小さな被災経験は逆に避難傾向を低下させる［47］）。

9　避難にかかわる研究結果その2

女性や子どものいる世帯は避難が行われやすい

　続いて、Thompson ら［48］の研究を見てみます。Thompson らは避難行動にかかわる先行研究の結果をまとめ、避難行動との関連が特に強固な要因をいくつか特定しています。

　結果を見てみると、「性別」については女性のほうが男性よりも避難意思・実施の傾向が高いようです。「年齢」についてははっきりとした関連は確認されていません。

　「子どもの数が多い世帯」ほど避難意思・実施の傾向は高くなっていましたが、「障がい者のいる世帯」や「ペットのいる世帯」は逆に避難傾向が低くなると報告されています。また、「避難計画を準備している世帯や個人」ほど、避難意思・実施の傾向は高くなっています。

　この研究でも過去の「被災経験」と避難行動の関連は確認されていませんが、「過去の避難経験」は避難行動と高い関連が確認されています。

自分に迫る危険（リスク）を把握することはとても重要

　避難行動と最も高い関連があったのは「リスク認知」で、リスク認知が高い個人ほど、避難意思・実施の傾向が高くなると報告されています（【心理学コラム6】参照）。

　リスク認知と並び強い関連が見られたのは「公的な避難情報」ですが、「避難情報の種類」によっても避難意思・実施の傾向は異なっており、自主避難

情報よりも避難命令のほうが避難を促すことが確認されています（日本には避難命令はありません）。

　また、「危険区域（例：海岸沿いや低地）の居住者」や「災害耐性の低い住宅（例：家屋に大きな破損がある）の居住者」も、避難意思・傾向がより高いと報告されています。

　逆に、「災害に強い住宅（例：災害耐性の高い窓を持つ家屋）の居住者」は、避難しにくい傾向が確認されています。

【心理学コラム6　リスク認知（risk perception）】

　リスク（危険）に関する主観的な判断のことです。ある対象や現象が持つリスクの程度は、それを認知する人によって変わってきます。リスク認知が異なれば、同じ対象や現象に対する対応にも違いが出てきます。例えば、「地震はとても危険だ」と思っている人は、ある程度のお金や手間がかかったとしても、家具の固定や備蓄を行うはずです。逆に「地震はそんなに危険ではない」と考えている人は、家具の固定や備蓄にそれほど注意を払わないはずです。リスクを認知する程度は、認知する人の性格や感情の状態、認知バイアスなどによって影響を受けるとされています。

　Thompsonらの検証結果をまとめると、以下のとおりとなります。

　女性や子どもの存在は避難の意思・実施を促すとのことですが、これは女性の親類（母親や祖母）が子どもや孫を守るために早めに回避行動の意思決定をしているからかもしれません。

　逆に障がい者やペットのいる世帯で避難が遅れがちなのは、避難の準備や実施に一般の世帯よりも時間・労力がかかること、または近隣に適した避難先が少ないことなどが主な原因である可能性が考えられます。

　避難計画を準備している世帯や個人は災害意識が高いことが推測されるため、後述するリスク認知が高く、それによって避難傾向が高くなるのかもしれません。過去の避難経験は避難行動と関連していたため、避難促進要因としては、避難を要するほどの被災経験が必要だと考えられます。

　リスク認知と公的な避難情報はともに大きな避難促進要因として報告されていますが、これらの要因は相互に関連しているといえます。ある対象が自

分にとって危険だと判断すれば、人間はその対象を回避しようとするはずです。その危険を知る１つのすべが公的な避難情報であり、情報のレベルによっても人が認識する危険の程度は変化するはずです（例：自主避難情報よりも避難命令のほうがリスク認知の程度が高い）。

　避難情報だけでなく、リスク認知は既述の要因とも関連している可能性があり、避難計画を有する世帯や個人は元々災害（リスク）の認知傾向が高いため、災害発生時にも速やかに避難が行えるのかもしれません。

　また、住宅の災害耐性についても同様であり、災害耐性の低い住宅に住む人（例：低地の住民）ほど自分への災害被害予測（リスク認知）が高く、そうでない人に比べ（例：高地の住民）、結果的に避難しやすい傾向を見せるのかもしれません。

10　避難を促す要因

ペットを飼っている人は、事前に避難方法を検討しておく必要がある

　上述の２つの研究に共通する避難の促進要因をまとめると、図表 50 のとおりとなります。

【図表 50　避難を促進させる主な要因】

No.	要因
1	女性または女性の多い世帯
2	障がい者のいない世帯
3	世帯における子どもの多さ
4	過去の避難経験
5	災害耐性の低い住宅での居住
6	災害危険区域内での居住
7	ペットのいない世帯
8	高いリスク認知（自分自身への深刻な被害予測）
9	公的な避難情報の入手
10	外の様子の確認
11	周囲の人が避難をしている様子の確認や周囲の人による避難の呼びかけ

引用：[42] **Huang, Lindell, & Prater** (2015)と [48] **Thompson, Garfin, & Silver** (2017) をもとに作成

図表50のNo.1～4の要因は意図的な変更が難しいですが、要因ごとの取り組みはあるといえます（例：障がい者のいる世帯は早期の避難実施を平時から計画しておく）。

　No.5と6については、該当しない人は、そもそも避難の必要がない場合も考えられます。

　No.7については、予めペットの避難方法を検討しておくことで、当該要因の影響を低減できる可能性があります（例：ペット用のケージを用意しておく、ペットを受け入れられる近所の避難先を確認しておく）。

　No.8は避難を促す上で最も大きな要因となりますが、前章で示したとおり、災害の危険性を高く受け止めることは簡単なことではありません。

　No.9～11は災害発生時の状況にかかわる要因であり、災害が発生した際にこれらの要因に意識を向けることで、自身の避難傾向を高めることができる可能性があります（例：公的機関の情報に注意を払う、天候の様子や家屋の状態を自分の目で確認する、隣人の様子を確認する）。

　地域コミュニティ単位でこれらの要因に取り組むことで、地域住民の避難を促進できる可能性があります（例：避難の際は隣近所にも声をかけるというルールを町内会で定める）。

災害の発生する時間帯によっても避難率は異なる可能性がある

　避難を促す要因の1つとして、最後に「災害が発生する時間帯」を取り上げたいと思います。

　災害は、いつ何時に発生するかわかりません。朝や昼間などの人が起きている時間帯であれば、比較的早く避難が開始できるかもしれません。しかし、真夜中に避難の必要性が高まっても、寝ていて避難情報に気づかなかったり、外が暗くて外出できなかったりする可能性があります。

　同じ災害（例：台風）が朝、昼、夜という3つの時間帯で発生したとしたら、避難する人が一番多いのはどの時間帯でしょうか？　図表51のシナリオを読んで、予想してみてください。

　このシナリオは昼の時間（12～13時）に災害が発生していますが、実験参加者ごとに災害の発生時間を朝（4～5時）と夜（20～21時）に変

えています（図表 51 下部の注を参照）。

　質問紙実験の結果、避難を選択した人が一番多かったのは夜の時間帯でした（図表 52）。一見すると夜のほうが避難する人が少なそうですが、夜に発生する災害のほうが、より恐怖を喚起させるからかもしれません。

　逆に言うと、朝や昼は明るいため、避難開始の判断が夜よりも遅くなりがちなのかもしれません。

　ただ、避難情報の発令がもう少し遅い時間だった場合は（例：夜の 11 時や夜中の 1 時）、図表 52 とは異なる結果になる可能性があります。

【図表 51　災害発生時の実験シナリオ（昼群）】

条件	状況の詳細
昼	平日の<u>昼 12 時ごろ</u>、あなたが自宅にいる時に、あなたが住んでいる地域に「警戒レベル 4」が発令されました。そのおよそ 1 時間後の<u>昼 1 時ごろ</u>、あなたが住む地域で「大雨特別警報」が発表されました。

注：下線部の時間帯は条件によって異なる（それぞれ朝群は朝 4 時ごろと朝 5 時ごろ、夜群は夜 8 時ごろと夜 9 時ごろ）

引用：［40］Nogami（N. A.）をもとに作成

【図表 52　時間帯別の避難割合】

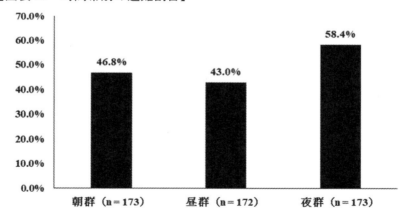

引用：［40］Nogami（N. A.）をもとに作成

11　災害発生後の買いだめ行動

大きな災害が発生すると、多くの人は買いだめをするようになる

　この章の最後に、災害発生後などに見られる買いだめ行動について説明したいと思います。2020年は新型コロナウイルス感染症の大流行によって、日本国内だけでなく、世界中が大変な事態に陥ってしまいました。

　感染症の対策には、マスクやアルコール消毒液などが必要になります。しかし、2020年2月末ごろから、これらの商品は慢性的な品不足に陥ってしまいました。感染症対策用品だけでなく、トイレットペーパーやインスタントラーメンなども、一時的に店頭から姿を消していました。

　このような物資不足は、大きな災害が発生するたびに確認されています。例えば、東日本大震災後の数か月間は、関東圏内のスーパーで水や食料の品不足が続いていました（図表53）。

　また物資不足は災害発生後だけに起こるとはかぎりません。1970年代に発生したオイルショック時にも、一時的にトイレットペーパーが店頭からなくなるという事態に陥っています。

【図表53　2011年3月下旬頃の千葉県松戸市内のスーパーの様子】

（飲料水売り場とカップラーメン売り場）

コロナ禍の物資不足を例にすると、マスクやアルコール消毒液については、しばらくの間、本当に物資不足が生じていたようです（消費量が生産量・輸入量よりも多い）。

　しかし、トイレットペーパーや食料については、各関係団体から「十分な量が確保されている」という発表がされていたにもかかわらず、一時的に品薄状態が続いてしまいました。

　東日本大震災のときも、当時の政府が「関東圏で水や食料が不足することはない」と発表していたにもかかわらず、現実には関東圏のスーパーなどで水や食料の物資不足が一時的に発生していました。

　これは一体どういうことなのでしょうか？　ここでは、大きな災害発生後などによく見られる買いだめ行動を取り上げ、「物資不足ではないのに物資不足に陥ってしまう」という現象の要因を考えたいと思います。

買いだめの主なきっかけは店頭から商品がなくなること

　いつもあるはずの商品が店頭からなくなるということは、何らかの理由により供給量が低下してしまったか、その商品を買い求める人がいつもより多くなったと考えることができます。大きな災害後に散見される買いだめは、一体どんな理由で行われているのでしょうか？

　図表54に、民間の調査会社が東日本大震災後に実施した買いだめ行動に関する調査の結果が示されています。結果を見てみると、買いだめ行動のきっかけとして最も高い割合を示していたのは、「実際に店頭で商品が足りなくなったいたので　61.5％」でした。

　いつもあるはずの商品がないまたは少なかったということで、念のため自分も買っておこうという感じのようです。次いで割合が高かったのは、「地震の影響で品不足、値段が上がると考えたのであらかじめ　31.5％」です。

　「品不足になると思った」や「値段が上がると思った」というのも、買いだめを行うきっかけになるようです。

　確かに、普段買っている商品がなくなりそうであれば、いつもより多めに買っておこうと思うかもしれません。しかし、そもそも物資不足でもないのに、なぜ店頭から特定の商品がなくなるような事態になるのでしょうか？

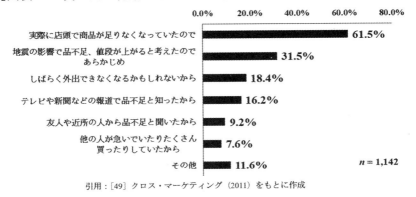

【図表54　買いだめ行動のきっかけ（複数回答）】

実際に店頭で商品が足りなくなっていたので	61.5%
地震の影響で品不足、値段が上がると考えたのであらかじめ	31.5%
しばらく外出できなくなるかもしれないから	18.4%
テレビや新聞などの報道で品不足と知ったから	16.2%
友人や近所の人から品不足と聞いたから	9.2%
他の人が急いでいたりたくさん買ったりしていたから	7.6%
その他	11.6%

n = 1,142

引用：［49］クロス・マーケティング（2011）をもとに作成

12　買いだめをしたくなる心理

現実よりも、本人が「そう思い込む」ことが行動に影響を与える

　人間の思い込みは、実際の行動に大きな影響を与えます（【心理学コラム７】参照）。人が「そう思っている」ことにより、「そう思っている」ことに沿った行動を起こし、結果的に「そう思っている」ことが実現してしまうのです。

　物資不足を例に、思い込みが物資不足を引き起こす一連の流れを考えてみます（図表55）。まず、災害発生後に一部の人々が「水や食料が不足する」と思い込み、いつもより多く水や食料を買うとします。それによって、店頭に並ぶ水や食料がいつもより少なくなると同時に、周囲にいる他の人たちもその様子を目にします。

　「店頭から水や食料が少なくなっている」という事実や「他の人が水や食料をたくさん買っている」姿につられ、当初物資不足になると考えていなかった人たちも、水や食料をいつもより多く買うようになります（【心理学コラム８】参照）。

　そうこうしているうちに、さらに多くの人がいつもより多く買うようになり、一時的に物流が間に合わなくなります。その結果、水や食料が本当に店頭からなくなってしまうのです。

【心理学コラム７　自己達成的予言（self-fufilling prophency）】

　自己達成的予言とは、ある出来事が本当であると思い込むとそれを実現するように行動してしまい、結果として当初の思い込みが現実化してしまうことを指しています。例えば、仲の良いＡ君に対して「最近付き合いが悪いな」と感じ、「ひょっとしてＡ君は自分のことが嫌いなんじゃないか」と思い込むとします。そうすると知らず知らずのうちにＡ君を避けるような行動をとってしまい（例：あまり話しかけない、SNSでのやり取りの回数が減る）、結果的に本当にＡ君との仲がぎくしゃくしてしまうというものです。思い込みは、行動に大きな影響を与え得るのです。

【図表55　思い込みが物資不足を引き起こす一連の流れ】

【心理学コラム８　同調（conformity）】

　同調とは、自分の態度や行動をその他大勢に合わせてしまうことです。特に集団状況で顕著に見られる現象です。わかりやすい例としては、横断歩道で信号待ちをしているときに、一人が赤信号で道を渡りだした後に次々と人が信号無視をしだし、結局自分も赤信号で道を渡ってしまうという行動です。大勢の人の中で自分だけ異なる考えや行動を見せることは、とても勇気のいることなのです。

うわさ話が現実になることがある

　思い込みや周りの人の買いだめ行動は、物資不足を生じさせる１つの要因になりそうです。でも、店頭から水や食料がなくなったり、他の大勢の人たちが買いだめしたりしていたとしても、お店や公的な機関が「物資不足にはならない」と言っているのであれば、なぜ買いだめをやめないのでしょうか？

　別の考え方としては、「水や食料がなくなる」といううわさ話が、多くの人々の間で「事実」として受け止められているからかもしれません（【心理学コラム９】参照）。うわさ話の怖いところは、単なる話で終わらないところです。

　金融機関の取り付け騒ぎ（信用不安から預金者が預金などを一斉に引き出

そうとすること）は過去にたびたび発生していますが、これらの事例においても、うわさ話が発端となっている場合が多くあります。

13　買いだめは悪いことなのか？

買いだめの主な理由は家族や自分のため

　買いだめ自体は問題のない行動です。お気に入りの食材やお菓子を多めに買っておくことは、一般の人々が日常的に行っています。他方、大きな災害などの後では、より多くの人が特定の品のみをできるだけ多く買おうとします。

　コロナ禍のマスクやアルコール消毒液のように、個人消費量の総量が生産量や輸入量の総量よりも多くなれば、買いだめ行動の有無にかかわらず物資不足に陥ってしまいます。

　一方、生産量や輸入量に不足がなくても、多くの買いだめ行動により個人消費量が短期間に急増すれば、一時的に物資の供給が追いつかなくなってしまいます。そういう状況を利用して、物資不足の品を転売目的で大量に買い占める人たちもいます。

　しかし、大多数の人が買いだめをする理由は自分や家族のためであり、他の人に迷惑をかけようと思って買いだめしているわけではありません。そう考えると、災害発生後などの買いだめは誰もが行い得るごく普通の行動であり、今後もなくなることはなさそうです。

　1995年の阪神・淡路大震災以降、国や地方自治体は、防災対策・対応で「自

助・共助・公助」という言葉を頻繁に使うようになりました（図表56）。

　災害発生時などで自分や家族の安全を優先することは当然のことですし、緊急事態に近隣の住民同士で助け合うことも至極当たり前のことのように思えます。しかし、自分や家族のために水や食料をたくさん確保することで、他の人たちは売り切れで買えなくなる可能性があるのです（逆もしかり）。

　自分が買いだめをすることで他の人たちの防災・減災行動を妨げてしまう可能性があるということは、少し皮肉な感じがします。

【図表56　自助・共助・公助の意味】

種類	意味
自助	災害が発生したときにまず自分自身の身の安全を守ること（家族も含む）
共助	地域やコミュニティといった周囲の人たちが協力して助け合うこと
公助	市町村や消防、県や警察、自衛隊といった公的機関による救助・援助

引用：［50］総務省消防庁（2020）をもとに作成

災害をうまく乗り切るためには自助と共助が重要

　この自助・共助・公助の割合ですが、よく使われているのは「7：2：1」です。

　「国や市町村などの公的機関による割合が1割しかないのは無責任だ！」と憤る人がいるかもしれませんが、これは決して、公的機関が責任放棄をしているわけではありません。

　いくら国や市町村といえど、住民1人ひとりの備蓄状況や家具の固定状況を管理することはできません。

　また大規模な災害が発生すると被災地域は広域に及ぶことになるため、公的機関でも被災地域に救助や援助をすぐに届けられない可能性が高まります。

　地震や台風などの自然災害に対して「自分の身は自分で守る」や「困ったときは周囲の人たちと助け合う」と考えることが、結局自分自身や家族にとっても一番有益な災害対策・対応になるのです。

※第2章8〜10は、次の既刊論文を加筆修正したものです。
野上 達也・熊田 知晃（2020）．避難行動に影響を与える諸要因
—「逃げ遅れ」のきっかけ—　危機管理レビュー, 11, 81-91.

第3章
災害発生時のパニック

1　災害発生時のパニックとは

パニックという言葉の意味は、いまいちはっきりしない

　前半の2章（第1章と第2章）では、災害発生前後の心理や行動傾向を取り上げました。後半の4章（第3章〜第6章）では、「災害発生後に発生すると思われている行動」に焦点を当てたいと思います。

　まず本章では、災害発生時の「パニック」を取り上げたいと思います。パニックという言葉は、災害ととても強く結びついています。大きな災害や事故が発生すると、ニュースや新聞でパニックという言葉を頻繁に見聞きするようになります。

　ちなみに、東日本大震災翌日の某全国紙の朝刊には、「『逃げろ』パニック」という見出しが大きく掲載されていました。また、パニックという言葉自体は、日常生活でもごく普通に使われています（例：仕事でミスをしてパニックになる）。

　パニックは、普段何気なく見聞きし、そして口にしている一般的な言葉なのです。しかし、改めてこの言葉の意味を考えてみると、具体的にどのような行動を指しているのかがいまいちはっきりとしません。パニックという言葉は、いったいどういう意味を示しているのでしょうか？

　辞書でパニックという言葉を調べてみると、「危機に直面した群衆が示す混乱状態。地震、火災の際の混乱など。また、個人が混乱した状態に陥ることもいう」[51]や「災害など、思いがけない事態に直面した際に群衆が引き起こす混乱状態」[52]と定義されています。

　しかし、これらの辞書においては、「混乱状態」や「混乱」を指す具体的な行動までは明記されていません。

　パニックの意味について調べた研究によると、一般の人々が考える「災害発生時のパニック」は、災害の種類や個人によりその意味に大きな違いがあるようです（図表57）。

　例えば、「大規模地震発生時のパニック」（図表57の黒い棒グラフ）には「冷静さを失う　59％」や「逃げ回る　54％」、「興奮する　32％」といった行

動が含まれています。「航空事故におけるパニック」（白い棒グラフ）は「冷静さを失う　55%」や「震える　46%」、「大声を出す　40%」といった行動が主な意味となっています。

　これら2つの災害状況において、唯一回答割合が過半数となっているのは「冷静さを失う　59%、55%」ですが、この行動でさえも回答割合は6割に達していません。

【図表57　「災害時のパニック」が示す行動（複数回答）】

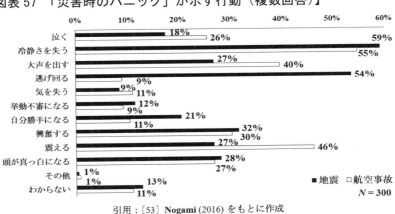

引用：［53］**Nogami** (2016) をもとに作成

災害研究においてもパニックの意味は様々

　一方、災害研究者は、パニックという言葉をどういう風にとらえているのでしょうか？

　アメリカの有名な災害学者である Quarantelli ［54］は、災害発生時のパニックを「自制心の喪失を特徴とする強烈な不安反応で身勝手かつ非合理的な逃避行動を伴う」と定義しています。

　このパニックの定義は先に示した辞書の定義よりも具体的ですし、パニックと聞いて想像するイメージになんとなく合致します。

　しかし、パニックの定義は、災害研究者の間でも明確に統一されていません ［54~58］。つまり、災害研究においても、パニックが具体的にどのような行動を指すのかがいまいちはっきりしていないのです。

パニックには、主に3つの意味がある

　上述のとおり、災害という文脈で使われているパニックは、非常にあいまいな言葉なのです。また、この言葉の示す意味は、災害の種類や個人、研究者によって大きく異なっています。日常会話で用いられているパニックという言葉も、災害時のパニックとは異なる意味で使われている可能性が考えられます。

　これらの点を踏まえると、パニックという言葉には、大きく分けて3つの使われ方があるようです。1つ目は一般の人々が日常的に使うパニック、2つ目は一般の人々が災害発生時などの緊急時を表現するときに使うパニック、そして3つ目が災害研究で用いられているパニックです。

　1つ目のパニックは、「恐れる」や「慌てる」などのある状況における個人の反応（感情や行動）を表す目的で使われます。日常会話では、「時間に追われてパニックった」などの短縮形もよく耳にします。

　2つ目のパニックは、主に災害発生時などの緊急事態において、「冷静さを失う」や「大声を出す」などの様々な行動が混在した混乱状態を指す言葉として使われます。イメージとしては、商業施設などの大勢の人が集まっている場所で大地震が発生し、図表57にあるような行動が混在している状況が挙げられます。

　これら2つのパニックは、特定の行動を指した言葉ではないことがわかります。

　そして3つ目のパニックは、先に示したQuarantelli[54]の定義を用いれば、災害発生時における強烈な不安を起因とする身勝手かつ非合理的な逃避行動になります。例としては、自分だけ助かろうとして、周りの人を押し退けてまで逃げようとする避難行動が挙げられます。

　図表58に、これら3つのパニックの使われ方などをまとめてみました。特に3つ目のパニックが集団規模で発生したら、被災現場はさらに危険な状況に陥ってしまう可能性があります（例：ナイトクラブで火災が発生し、客が我先に出口に殺到して死傷者が発生する）。

　とはいえ、過去の災害において、3つ目のパニックが集団規模で発生したという事例は、実際に存在するのでしょうか？

【図表 58　「パニック」という言葉の使われ方】

No.	使用者	対象	場面	使われ方	主な行動
1	一般の人々	個人	日常生活	台所で大きなゴキブリを見つけてパニックになる	恐れる、慌てる、焦るなど
2	一般の人々	個人・集団	緊急事態	飛行機が大きく揺れ機内がパニックになった	冷静さを失う、大声を出す　など
3	災害研究者	個人・集団	緊急事態	ナイトクラブの火災でパニックが発生して出口に客が殺到した	強烈な不安を起因とする身勝手かつ非合理的な逃避行動

2　海難事故におけるパニック発生の有無

タイタニック号の沈没事故で最も生還率が高かったのは子ども連れの女性

　ここからは、過去の災害事例をもとに、災害発生時におけるパニックの発生有無とその影響を見ていきたいと思います。なお、ここで言う「パニック」とは、前述の３つ目のパニックになります（強烈な不安を起因とする身勝手かつ非合理的な逃避行動）。

　最初の災害事例は、大型客船タイタニック号の沈没事故です。1912 年 4 月 14 日の夜、乗員・乗客 2,207 人を乗せたタイタニック号が北大西洋上で氷山に衝突し、1,501 人が犠牲となる大規模な海難事故が発生しました。

　この沈没事故の男女別の生還率を、図表 59 に示します。全体の生還率は 32.0％で、男女別では男性が 20.6％、女性が 72.4％です。全体の生還率や男性の生還率と比較しても、女性の生還率が際立って高いことがわかります。

【図表 59　タイタニック号沈没事故の男女別生還率】

カテゴリー	乗船割合	生還率
全体	100%	32.0%
男性	78.0%	20.6%
女性	22.0%	72.4%
（女性のうち子供なし）	20.3%	70.5%
（女性のうち子供あり）	1.7%	94.7%

引用：［59］**Frey, Savage, & Torgler** (2010)をもとに作成

図表59にある乗船者の生還率をさらに細かく見てみると、子ども連れの女性の94.7％が助かっていることがわかります。これは一体、どういうことでしょうか？

　氷山との衝突から2時間40分後に沈没したタイタニック号において、身体能力的に有利な男性は、女性よりも避難しやすかったはずです。逆に最も避難が難しかったのは、子どもを抱える女性です。当時の船内においても、冷静さを失ったり、大声を上げたりする乗客はいたはずです。

　しかし、もし船内で多くの乗客がパニックに陥って、救命ボートに我先に飛び乗っていたとしたら、女性や子どもが優先的に助かる秩序だった生還率にはならなかったはずです。

　また、当時のタイタニック号に乗船していた2,207人のうち、乗客の割合は59.7％、残りの40.3％が乗組員となっています。乗組員は乗客よりも航行状況や船内の構造に詳しいため、避難を要する緊急時においては最も避難しやすい人たちだといえます。

　しかし、タイタニック号乗組員の生還率は23.8％であり、全体の生還率（32.0％）よりも低くなっています [59]。

　乗組員や女性の生還率からも、「タイタニック号の乗組員が氷山衝突後にパニックに陥り、乗客よりも先に救命ボートに飛び乗った」という光景は想像しにくいといえます。

ルシタニア号の海難事故では、男性よりも女性の生還率が低くなっている

　海難事故発生時の行動傾向について、もう少し詳しく見ていきたいと思います。タイタニック号の沈没から3年後に、再び大型客船が沈没事故に見舞われます。

　第一次世界大戦の最中である1915年5月7日に、乗員・乗客1,949人を乗せたルシタニア号がアイルランド南方の沖合でドイツ海軍の魚雷を受けます。魚雷を受けたルシタニア号は約18分後に沈没し、1,313人の乗員・乗客が犠牲となってしまいました。

　ルシタニア号の沈没事故は、船体の大きさや乗客・乗員数、乗客の年齢など、タイタニック号の沈没事故と類似点が多くあります（図表60）。

この2つの沈没事故は生還率もほとんど同じですが、男女別の生還率を見比べてみると大きな差があることがわかります（図表61）。

タイタニック号と異なり、ルシタニア号では男性よりも女性の生還率が低くなっています。これはなぜなのでしょうか？

【図表60　タイタニック号とルシタニア号の沈没事故の概要】

項目	タイタニック号	ルシタニア号
乗員・乗客数	2,207 人	1,949 人
平均年齢	30.04	31.57
沈没日	1912 年 4 月 14 日	1915 年 5 月 7 日
沈没の場所	北大西洋	アイルランド南方沖
沈没の原因	氷山との衝突	ドイツ海軍の魚雷
沈没までの時間	2 時間 40 分	18 分
犠牲者数	1,501 人	1,313 人

引用：[59] **Frey et al.** (2010)と [60] **Frey, Savage, & Torgler** (2011)をもとに作成

【図表61　タイタニック号とルシタニア号の生還率比較】

カテゴリー	タイタニック号		ルシタニア号	
	乗船割合	生還率	乗船割合	生還率
全体	100%	32.0%	100%	32.6%
男性	78.0%	20.6%	73.9%	34.3%
女性	22.0%	72.0%*	26.1%	28.0%

＊タイタニック号の女性生還率が図表59と少し異なっていますが、原文のとおりに記載します。

引用：[59] **Frey et al.** (2010)をもとに作成

この比較研究を行った Frey ら [59] は、タイタニック号とルシタニア号の女性生還率の差は、沈没までの時間に原因があると指摘しています。沈没までの時間は、タイタニック号が2時間40分、ルシタニア号は18分となっ

ています。確かに、時間的な余裕がなければ、他の人を助けることはできません。

　ここで問題となるのは、緊急時で時間がない状況における人々の行動傾向です。沈みゆくルシタニア号の船内では、他の乗客が女性客を助けようとしたが、時間がなかったために女性の生還率が低くなったのでしょうか？

　もしくは、全員が自分の命を優先した結果、緊急時の避難に不利な女性がより多く犠牲となってしまったのでしょうか？　それとも、これら以外の理由があるのでしょうか？

　ちなみにこの比較研究を行った Frey らは、ルシタニア号の男性生還率が高く、逆に女性生還率が低くなったのは、多くの人々が他人の救助よりも我先に逃げる行動を選択したためではないか、と推測しています。はっきりとした証拠が残っているわけではありませんので、Frey らの見解はあくまで推測となります。

3　沈没船の船内ではパニックが発生していたのか？

バルト海に沈んだエストニア号でも、女性の生還率は男性よりも低い

　ルシタニア号における乗客の行動傾向を推測するにあたり、参考となる海難事故があります。

　1994 年に、ルシタニア号と似たような沈没事故が発生したのです。1994年 9 月 28 日、エストニアのタリンからスウェーデンのストックホルンを目指して航行していたエストニア号は、船体の故障によりバルト海で沈没事故を起こします。故障の発生から 1 時間以内に沈没し、乗員・乗客 989 人のうち 852 人が亡くなっています。

　沈没までは 1 時間弱かかっていますが、船体が横転したのは故障発生から30 分以内と考えられています。生還率を見てみると女性は 5.4 ％しかなく、乗客よりも乗員のほうが多く助かっています（図表 62）。

　Frey ら [59] が推測しているように、この沈没事故においても多くの人々が我先に逃げる行動をとったために、このような生還率となったのでしょうか？

【図表62　エストニア号沈没事故の生還率】

カテゴリー	乗船割合	生還率
全体	100%	13.9%
男性	51.0%	10.5%
女性	49.0%	5.4%
乗客	81.2%	11.8%
乗員	18.8%	23.1%

引用：[61] **Cornwell et al.** (2001)をもとに作成

沈みゆく船内では、救助行動の実施が極めて困難

　図表62の生還率を改めて見てみると、「エストニア号内では乗員・乗客が我先に逃げた結果、避難時に不利な女性の多くが犠牲となり、逆に船内や航行状況を熟知している乗員が多く助かった」ように見えます。

　しかし、この海難事故を調査したCornwellら[61]は、利用でき得る資料に基づきながら、異なる結論を出しています。

　Cornwellらによると、エストニア号で女性および乗客の生還率が低かったのは、故障発生後の「身体的に極めて厳しい状況（悪天候、船体の激しい揺れ、傾いた船内、船内で飛散する備品など）」と「沈没までの時間の少なさ」が救助行動を妨げたためのようです。

　その結果、女性よりも男性、そして乗客よりも乗員が多く助かったと結論づけています。つまり、エストニア号で女性や乗客の生還率が低かったのは、男性客や乗員が我先に逃げたからではなく、船内での救助活動が実質不可能だったからのようです。

　確かに、船内が大きく傾いていたり、激しく揺れたりしている状況では、救助活動はおろか、まともに船内を動き回ることすらできなさそうです。ルシタニア号も同じ理由で女性の生還率が低かったのかは、はっきりとはわかりません。

　しかし、少なくともルシタニア号の沈没事故においても、船内でパニックが発生していたことを示す証拠は確認されていません。

4 緊急時に人間が見せる行動傾向

大規模火災や航空事故においても、パニック発生の事実は確認されていない

　ここからは、海難事故以外の災害事例に目を向けたいと思います。

　まず建物火災ですが、1977年5月28日に、アメリカのケンタッキー州サウスゲートにある大型ナイトクラブ「ビバリーヒルズサパークラブ」内で大規模な火災が発生しました。

　当時店内には約2,500人のお客さんがいましたが、そのうちの160人以上が火災の犠牲となっています。

　火災発生直後のマスメディアでは、店内にいた人々が我先に逃げ出したために、死傷者が発生したと報道されていました。

　しかし、事後調査の結果によれば、死亡した客の大多数は火災発生後も意図的に避難しなかった人々であり、パニックに陥った客が出口に殺到したことによる逃げ遅れや圧死事故などの発生は確認されていません [62]。

　続いては、日本で発生した航空事故です。1985年8月12日、乗員・乗客524人を乗せた日本航空123便が群馬県にある高天原山の山頂に墜落し、死者520人、負傷者4人という大規模な事故が発生しました。

　機体に異常が発生してから30分以上も飛行を続けていた123便の機内では、乗員・乗客ともに、想像を絶する恐怖と不安に苛まれていたはずです。

　しかし、事故後に得られた生存者の証言や犠牲者が書き残した遺書から、絶体絶命の機内状況だったにもかかわらず、多くの乗員・乗客が冷静に行動していた様子がわかります（例：乗員が乗客に的確な指示を出す、乗客が乗員の指示に従う、遺書を書く、乗客が他の乗客を支援する [63]）。

　もちろん、機内の全員が終始冷静に振る舞っていたわけではなく、中には泣き叫んだり、乗員の指示に従わなかったりした乗客が少なからずいたはずです。

　しかし、現存する資料からは、不安定な機内で多数の乗員・乗客がパニックに陥った事実や、乗員・乗客のパニックにより機内状況がさらに混乱したという事実は確認されていません。

緊急時においても、人間は冷静な行動がとれる

　自分や家族の命が危険にさらされているときに、自分たちの身の安全を最優先させることは当然の行動だといえます。そういった意味では、これまで見てきた海難事故や建物火災において「我先に逃げる」ことは、ごく自然な危機回避行動だといえます。

　タイタニック号の沈没事故やビバリーヒルズサパークラブの大火災においても、我先に逃げた人はいたはずです。中には、身勝手かつ非合理的な逃避行動をとった人がいたかもしれません。

　しかし、仮にそういった行動をとった人がいたとしても、全体の割合でいえばごくごく少数であり、さらにそのような行動は短時間で収束すると考えられています［58,64］。

　少なくともこれらの災害事例においては、目の前にいる人を押しのけて自分が先に救命ボートに乗ったり、火災から逃れるために他人を押しのけて出口に向かったりするなどの行動は、集団規模では発生していなかったようです。

　ここまでの災害事例は、事故や火災などの人為災害でした。それでは、自然災害の場合はどうなのでしょうか？　特に地震や火山噴火のように突然発生する災害では、人々はパニックに陥ったりしてしまうのでしょうか？

　実は、この問いに対する答えは、すでに第2章に書かれています。前章では、「災害が発生しても人はすぐに避難しない」と説明しました。

　もし災害発生時などの緊急事態に人々がパニックに陥って我先に逃げ出してしまうのであれば、少なくとも、災害発生直後に情報収集や家族の安否確認、避難準備などの行動は見られないはずです。

　東日本大震災の発生直後、被災3県の多くの被災者は、家族の安否確認をしていました（図表43参照）。大地震の発生直後という緊急時においても、多くの被災者は、ある程度の冷静さを保てていたようです。

　意外に聞こえるかもしれませんが、災害発生直後に最も問題となるのはパニックではなく、人々が意図的に公的機関などの指示に従わず、すぐに避難を行わないことなのです［37,64,65］。人を速やかに避難させることは、それくらい難しいことなのです。

5　パニックと群集事故

1平方メートルあたり 10 人以上になると、体の自由がきかなくなる

　コンサートや祭り会場などの多くの人が集まる場所では、時おり死傷者を伴う大きな群集事故が発生します。いわゆる、「将棋倒し（誤解を招く表現ですが）」や「群集なだれ」と呼ばれる現象です。

　これらの群集事故が起こる状況を見ていく前に、1平方メートル（縦1メートル×横1メートルの大きさ)あたりの群集密度について少し説明します。

　図表 63 に、群集密度とそれに対応する群集の状態が示されています。図表 63 にあるとおり、1平方メートルあたり5人以下の状況であれば、周囲の人と触れ合うことはありません。

　1平方メートルあたり7人の状況になると周囲から圧力を感じる状態となり、10 人以上になると体の自由がきかない状態となります。11 人以上になると、周囲からの体圧で痛みを感じるほどになります。

【図表 63　1平方メートルあたりの群集密度と群集の状態】

群集密度	群集の状態
5 人	隣同士の衣服がふれあう状態
6 人	足元の物が拾えて、身体の回転は自由
7 人	肩や肘に圧力を感じる
8 人	人と人の間にかろうじて割り込みが可能
9 人	人と人の間に割り込みは困難
10 人	四囲からの体圧により手の上げ下げ困難
11 人以上	四囲からの体圧が激しく体の自由がきかず苦痛を感じる（悲鳴が起きる）

引用：[66] 兵庫県警察（2002）をもとに作成

　群集密度をもう少し詳しく見ていきます。1平方メートルあたり4人、6人、10 人が集まったときのイメージを図表 64 に示します。

　1平方メートルあたり4人の状況（図表 64 の左）は、一般的なエレベーターの中で四隅に1人ずつ人が立っている状況を想像してもらうとわかりや

すいと思います。

　1平方メートルあたり4人の密度であれば、周囲の人に触れることなく、自分の体を自分の意思で動かすことができます。1平方メートルあたり6人の状況は（図表64の真ん中）、一般的なエレベーターに隙間なく人が乗った状態と同じくらいです。この密度になると、周囲の人に触れずに自分の体を動かすことは難しくなります。

　1平方メートルあたり10人の状況は（図表64の右）、通勤ラッシュ時の満員電車のような状態になります。この密度では自分の体を自分の意思で動かすことができなくなるばかりか、周囲からの圧力で息苦しさを感じる状態となります。

【図表64　群集状況のイメージ】

6　群集事故が発生する原因

1平方メートルあたり10人以上になると、群集なだれが発生しやすくなる

　このような群集状況において、将棋倒しや群集なだれのような群集事故は、どのようにして起こるのでしょうか？

　一般的には、将棋倒しは1平方メートルあたり5人程度、群集なだれは1平方メートルあたり10人以上の群集状況で発生しやすくなると考えられています[67]。

　また、将棋倒しは後ろから前の一方向に圧力がかかることで、群集なだれ

は圧力の弱い方向に周囲の圧力がかかることで、人が折り重なって倒れる事故が発生します。

　将棋倒しの例を挙げれば、下りの階段で後方から前方に圧力が生じることで（例：後ろの人たちが前に進もうと前方の人を押す）、圧力に耐えられなくなった人たちが次々と前方へ倒れていきます（図表65）。

　群集なだれの場合は四方から圧力が生じている状況で急に空間ができることで（例：圧力に耐えられなくなった人が倒れこんだりしゃがんだりする）、その空間の方向に人が押し倒されていきます（図表66）。

【図表65　将棋倒しのイメージ（下り階段の例）】

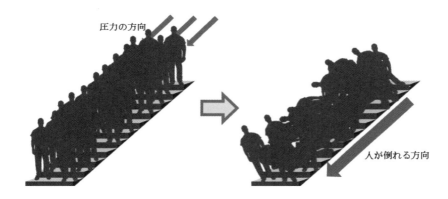

【図表66　群集なだれのイメージ（群集の真ん中に空間が生じた場合）】

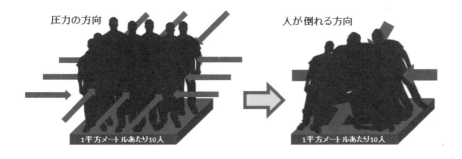

群集事故の多くは、ある特定の場所に人が集まり過ぎたことが原因

　大規模な群集なだれとしては、2015年9月24日にサウジアラビアのメッカ近郊で起きた群集事故が挙げられます。

　当時メッカ近郊のメナーという地域には、年1回のメッカ巡礼（ハッジ）のために多くのイスラム教徒が集まっていました（毎年全世界から300万人以上が集まるようです）。その最中に群集なだれが発生し、2,000人以上の信者が犠牲になってしまったのです。

　メッカ巡礼ではたびたび将棋倒しや群集なだれによる死傷者が発生しており、1990年7月2日にも死者1,400人を超える事故が発生しています。その他、有名な群集事故としては、1979年12月3日に発生したThe Who（イギリスのロックバンド）コンサートの事故（死者11人）や1989年4月15日にイギリスのシェフィールドにあるヒルズボロ・スタジアムで発生した事故（死者96人）が挙げられます。

　日本でも、死傷者を伴った群集事故は発生しています。2001年7月21日に兵庫県明石市で開催された第32回明石市民夏まつりの花火大会では、死者11人、負傷者247人という大事故が発生しています [67]。

　最寄りの鉄道駅から花火会場までの道のりには歩道橋があり、この歩道橋で群集事故が発生しました。花火大会当日には約8万3,000人の来場者が集まっており、夜店通路部分の群集密度は1平方メートルあたり7人、事故が発生した歩道橋の群集密度は最高で1平方メートルあたり13〜15人と推測されています。

　図表63で示したとおり、1平方メートルあたりの密度が11人を超えると人は悲鳴を発するほどの痛みを感じることになりますし、将棋倒しや群集なだれも発生しやすくなります。単に人が集まり過ぎるだけでも、人命にかかわるほどの非常に危険な状況になってしまうのです。

7　群集事故はパニックによって起こるのか？

将棋倒しや群集なだれは、逃避行動（パニック）が原因ではない

　このような群集事故を伝えるニュースでは、多くの場合、パニックという

言葉が使われます。しかし、群集事故は群集状況下で生じる不可抗力による事故です。特定の人たちが（例：パニックになった人）、故意に将棋倒しや群集なだれなどの群集事故を引き起こしている訳ではないのです。

そもそも、上記で説明した群集事故は、すべてある場所に向かう状況で起きています（例：礼拝場・コンサート会場、スタジアム、花火会場）。災害研究者が定義するパニックは逃避行動（ある対象から遠ざかる行動）ですから、パニックの定義にも当てはまっていません。

過去に発生した群集事故においても、群集がパニックに陥ったことにより、死傷者が発生した事例はこれまで確認されていません [68] [69]。群集事故の多くは、ある特定の場所に人が集まり過ぎたことが原因なのです。

被災状況を悪化させるようなパニックは、これまで確認されていない

ここまでは、過去の災害事例を参照しながら、災害研究者が定義するパニックが実際に発生したかどうかを見てきました。また、パニックと群集事故は全く異なる現象だということも説明しました。

しかしながら、ここまでの内容を読んでも、「結局災害発生時にパニックは起こるの？　起こらないの？」と疑問に思っている人は多いと思います。今一度、パニックの定義をおさらいしたいと思います。

本章の冒頭で、パニックという言葉には主に３つの使われ方があると説明しました。１つ目のパニックは、「恐れる」や「慌てる」などのある状況における個人の反応（感情や行動）を表す言葉として使われます。２つ目のパニックは、主に災害発生時などの緊急事態において、「冷静さを失う」や「大声を出す」などの様々な行動が混在した混乱状態を指す言葉です。そして３つ目のパニックは、災害発生時における強烈な不安を起因とする身勝手かつ非合理的な逃避行動になります。

このうち１つ目と２つ目のパニックは、特定の行動を表す言葉としては使われていません。また、災害状況の文脈で使われるパニックは、２つ目と３つ目になります。

２つ目のパニックは、様々な行動が混在した混乱状態を指す言葉として使われます。この混乱状態をパニックと定義するなら、災害発生時にパニック

は起きます。災害の専門家や実務家の中にも「災害発生時には人間はパニックになる」と言っている人たちがいますが、恐らくこのパニックを意味しているのだと思います。

　しかし、「冷静さを失う」や「大声を出す」といった行動は、危機に直面した人間が見せる一般的かつ正常な反応です。これらの反応は災害発生直後に見られる一過性のものであり、多くの被災者は、災害発生後間もなくなんらかの行動がとれる状態に戻っています [64,65]。

　たとえ地震の揺れで一時的に冷静さを欠いたとしても、揺れが収まった後もずっと冷静さを失っている人はあまりいないと思います。

　また、このパニックが発生したとしても、被災状況を悪化させる直接的な原因にはならないといえます（例：人々が冷静さを失ったり大声を出したりしたことにより死傷者が増加する）。

　3つ目のパニックは身勝手かつ非合理的な逃避行動ですが、もしこのパニックが集団規模で発生したとしたら、被災状況を悪化させる原因になり得ます（例：我先に人が出口に殺到して圧死事故が発生する）。

　しかし、すでに説明したとおり、このパニックが集団規模で発生したという災害事例は、これまで確認されていません。

8　緊急時における人々の様子

目の前で火災が発生しても、多くの人はそれほど取り乱さない

　災害発生直後などの緊急事態において、人間は意外なほど冷静な行動を見せます（前に紹介したタイタニック号の沈没事故や日航機墜落事故を見返してみてください）。参考までに、動画共有サイトなどで災害発生直後の人々の様子が確認できる災害事例を2つほど紹介します。

　1つ目の事例は、2003年2月20日にアメリカのロードアイランド州ウエスト・ワーウィックのナイトクラブ「ザ・ステーション」で発生した大規模火災事故です（死者100人、負傷者200人以上）。

　火災の直接の原因は、バンドが演出のために着火した花火がステージに燃え広がったためです。この当時の様子を動画共有サイトなどで見てみると、

発火直後の人々の行動がよくわかります（検索サイトなどで「the station nightclub fire」といったキーワードで検索してみてください）。

　当然、客の中には悲鳴を上げている人たちもいますが、火災が発生したステージから店の出口までの経路において、ほとんどの人が整然と並びながら冷静に歩いて出口に向かっています。特に走りだしたり、押し合ったりする様子は確認できません。

　もちろん、映像に映っている範囲の行動しか確認できませんが、一般に想像されるような火災発生時の状況（例：叫びながら客が一斉に出口に向かって走り出す）とは明らかに様子が異なっています。

　余談ですが、この火災映像を見ると、火の回りが異常に早いことがわかります。改めて、火災の恐ろしさがよくわかります。

自爆テロ発生直後でも、多くの人は理性的な行動をとっている

　2つ目の事例を紹介します。2017年5月22日の夜、イギリスのマンチェスターにあるマンチェスター・アリーナで、米国人歌手アリアナ・グランデのコンサートが行われました。

　コンサート終了直後のまだ多くの観客が残る会場内で、突然自爆テロが起こりました。結局、実行犯1人を除く22人が死亡し、100人以上が負傷するという大惨事になってしまいました。

　この模様も、動画共有サイトなどで見ることができます（興味のある人は「manchester terror attack」で検索してみてください）。かなりショッキングな映像ですが、観客の行動を遠目から撮影している動画がほとんどなため、流血や負傷した人などはほとんど映っていません。

　この自爆テロにおける人々の反応に目を向けると、大声や悲鳴を上げたり、出口に向かって駆け出したりしている様子が確認できます。翌日以降の多くのマスメディアでは、この時の様子を「パニック」と報道していました。

　しかし、このときの観客たちの様子をいまいちどよく見てみると、確かに悲鳴を上げたり出口に大勢の人が向かったりしている様子が確認できますが、全速力というよりは小走りといった感じです。また、他人を押し退けてまで出口に急ぐ人は、確認できる範囲ではいません（階段の手すりを飛び越

えている人はいましたが）。

　テロ事件における人々の行動傾向に関しては、2005年7月7日にロンドンの地下鉄で発生した同時爆破テロ事件も参考になります（第5章で説明します）。

9　パニック発生の条件

大きな災害が発生しても、パニック発生の条件はめったに揃わない

　ここまでに紹介した災害事例では、パニック（3つ目のパニック）の発生ははっきりと確認することができませんでした。結局のところ、災害研究者の言う「災害発生時のパニック」という現象は、本当に存在するのでしょうか？

　災害発生時のパニックには、いくつかの発生条件があると考えられています（図表67）。しかし、大きな災害や事故が発生したとしても、これらの条件が揃うことはまれだといわれています。

　これまでいくつかの大災害や大事故における人々の様子を見てきましたが、パニックが発生したという事例は一つもありませんでした。これまで見てきた事例はどれも相当な犠牲者を出している大規模な災害や事故ですが、それらの事例ですら、パニック発生の条件が揃わなかったのかもしれません。

　加えて、仮にある災害状況でパニック発生の条件が揃ったとしても、群集は必ずしもパニックになるわけではないようです [58]。

【図表67　災害発生時におけるパニック発生の条件】

提唱者	条件
Quarantelli (1954) [54]	● 「災害状況から逃避できないかもしれない」という思い込み ● 災害状況において群集が抱く無力感 ● 災害状況において個人が抱く孤独感
Mawson (2005) [56]	● 「逃避行動を要する危険が身に迫っている」という思い込み ● 「時間の経過とともに逃避手段がなくなる」という思い込み

群集状況では、パニックよりも群集事故のほうがはるかに恐ろしい

　もちろん、ここでまでに見てきた災害事例は、これまでに国内外で発生した自然・人為災害のうちのごく一部でしかありません。また、過去の災害事例でパニックが確認されていないからといって、今後も絶対にパニックは発生しないとは言えませんし、「映画や小説などで描写されているようなパニックは現実には絶対に発生しない」と言い切ることはできません。

　しかし、過去半世紀以上にも渡って蓄積されてきた災害研究の結果によっても、「災害時のパニック」という現象は肯定されていません [37,54,58,70-73]。

　つまり、災害研究などで定義されているパニック（強烈な不安を起因とする身勝手かつ非合理的な逃避行動）は、控えめに言っても、一般に思われているよりもはるかに発生の可能性が低い現象なのです。

　そして、最も重要なことは、「災害発生直後にパニックを起こした人々によって被災状況が悪化した」という災害事例が、これまでほとんど確認されていないという点です（例：パニックに陥った被災者が我先に逃げようとした結果、圧死事故が発生した）。

　仮に被災者がパニックのような状態に陥ったとしても（ここで言う「パニック」がどのような意味だとしても）、パニックが被災者の行動または被災状況に大きな悪影響を与えないのであれば、パニックの発生を不必要に心配する必要はないといえます。

　大勢の人が集まった状況では、パニックではなく、将棋倒しや群集なだれなどの群集事故のほうがはるかに恐ろしい現象なのです。

10　災害発生直後に人間が見せる正常な反応

緊急時に見られる行動の多くは、その状況においては合理的な行動

　災害発生直後に限らず、人間の行動は、第三者視点から見ると不可解に見える行動が多々あります。しかし、そういった行動でも、当事者視点からは至って普通の行動だったりします。

　災害行動を例に挙げれば、災害発生直後の「逃げる」という行動自体は、

被災者視点から見れば「火元や煙から逃れる」や「倒壊しそうな建物から脱出する」という緊急時において危機から自分の生命を守るための極めて合理的な行動だといえます [54]。叫び声を上げたり震えたりする行動も、危機に直面した人間が見せる正常な反応なのです。

興味深いことに、多くの人は、「パニックは自分ではなく他人が陥るもの」と思っています [53]。

そのため、突然大地震に襲われて自分が大声を出したとしても、その行動は「緊急時における正常な反応」になります。

しかし、同じ行動を他人が見せた場合は、「パニック」に見えてしまうのです（この「パニック」は一般の人々が使うパニックです）。

群集状況でも、人間の道徳性や社会性はなくならない

災害発生時のパニックに関連して、群集状況における人間の行動にも少し触れておきます。1970 〜 80 年代まで、社会心理学でも「人間は群集状況にいると蛮行を行いやすくなる」という学説が支持されていました [74]。

しかし、その後の研究によって、群集状況や匿名状況で人間の反社会性が高まるという学説は次第に支持されなくなりました [75]。

暴徒化したデモ隊やサッカーのフーリガンなど、群集状況における蛮行はイメージしやすいかもしれません。

しかし、パニックを含め、「群集状況になると人間の道徳性や社会性がなくなり、暴力行為や反社会的な行為をしやすくなる」というイメージは、ステレオタイプだといえます（【心理学コラム 10】参照）。

【心理学コラム 10　ステレオタイプ（stereotype）】

固定観念のことです。多くの人たちに共有されている特定の現象や行動、人に関する知識の枠組みのことで、スキーマの一種です。例えば国籍・地域に関するステレオタイプとしては、「欧米人は自己主張が強い」や「ラテン系の人は陽気」などが挙げられます。ただし、広く受け入れられているからといって、そのステレオタイプが必ずしも正しいわけではありません（例：控えめな欧米人や寡黙なラテン系の人もいます）。

ステレオタイプは、一度構築されると修正が難しい

　ステレオタイプはわかりやすいため、多くの人に受け入れられやすいという特徴があります。

　しかし、対象となる人や現象を過度に簡略化するため、対象が持つ特徴を大げさにしてしまうという特徴もあります。また、ステレオタイプは、否定的な意味を含んでいることが多いといわれています。

　例えば、「日本人」というステレオタイプには、「勤勉」や「規則を守る」、「きれい好き」というよいイメージの特徴も含まれていますが、「背が低い」や「自分の意見を言わない」、「無個性」、「意志が弱い」などのよくないイメージも多分に含まれています。

　ステレオタイプの一番厄介な点は、第1章の心理学コラム4で紹介したスキーマ同様、一度構築されると修正が難しいという点です。

　血液型占いを例に挙げると、「B型は神経質」というステレオタイプを持っている人は、楽天的なB型の人たちに何度会っても、「B型は神経質」という当初のイメージをなかなか変えることができません。

ステレオタイプにより、「災害発生時にパニックが起きる」と思ってしまう

　既述の災害事例が示すとおり、一般に想像されているようなパニックは、災害発生直後であってもほとんど発生していません。

　しかし、何かのきっかけで「災害発生時にパニックが発生する」というイメージが一度構築されると、災害発生時に実際にパニックになった人を見たことがない人であっても、「災害発生時にはパニックが発生する」と思ってしまうのです。

　「災害発生時にパニックが発生する」というイメージは、少なくとも1950年代からその存在が確認されています [54]。それから半世紀以上の時間が経過していますが、このイメージは根強く残っています。この事実を考えると、ステレオタイプがいかに強固なイメージなのかがよくわかります。

　問題は、パニックにかかわるそういったイメージ（ステレオタイプ）が、どういった要因によって構築されるのかということです。この点については、後述の第6章で改めて取り上げたいと思います。

第４章
災害発生後の犯罪

1 災害発生直後の略奪行為

多くの人は、災害発生直後に略奪が増加すると思っている

　ひとたび大規模な災害が発生すれば、大きな人的・物的被害が生じるだけでなく、建物の損壊や避難などにより家屋が無人になりがちです。また、電気や通信インフラなどのライフラインも一時的に途絶してしまう可能性がありますから、停電などで店舗や事務所のセキュリティも手薄になってしまうかもしれません。

　そのため、特に被災地では、平常時よりも空き巣や出店荒らしなどの窃盗犯罪の被害に遭う可能性が高くなるように思えます（図表68）。それだけでなく、被災後は建物の損壊や停電などで目の届かない死角が増えてしまいますし、被災のストレスで人々も普段よりはピリピリしていそうです。ですから、暴行や性犯罪などの対人犯罪も、普段より発生しやすくなるように思えます。

　これまで国内外では様々な種類の大規模災害が発生していますが、それらの災害が発生した後、被災地では実際に犯罪が増加していたのでしょうか？

　この章では、犯罪を「略奪行為」と「その他の犯罪行為」の２つに分け、国内外の大規模災害発生後におけるそれらの犯罪行為の増減程度を確認していきたいと思います。これまでよりも内容が少し難しいですが、根気よく読み進めてみてください。

【図表 68　阪神・淡路大震災後の家屋や店舗の様子】

写真提供：[16] 神戸市、2015

最初に、災害発生直後の略奪行為を取り上げます。前章で見たパニック同様、略奪も災害という現象ととても強く結びついています。多くの人たちは、大きな災害の発生直後は略奪が頻発すると考えているのです [65,76,77]。

2011年3月11日の東日本大震災発生後、「なぜ日本では略奪が発生しないのか」という記事が、複数の海外メディアによって報道されていました [78~81]。

東日本大震災に限らず、大規模災害発生後にニュースや新聞で「略奪」の文字を見聞きすることは、決して珍しくありません [82]。

このような報道がされること自体、「大規模災害発生後は被災地で略奪が頻発する」という考えがマスコミ関係者の間にも広く浸透していることがわかります。

略奪は、災害発生直後の混乱状況に乗じて発生する窃盗犯罪

通常、略奪は、「災害発生時または災害発生後における私有財産の窃盗」と定義されています [83]。

しかし、犯罪統計においては略奪という区分は一般的ではなく、略奪に該当する犯罪行為は、多くの場合、侵入盗または窃盗として扱われます [84]。

本書では、「災害発生直後の混乱状況に乗じて発生する窃盗犯罪（空き巣や出店荒らしなどの侵入盗、自動車やバイクなどを対象とした乗り物盗、および置き引きや車上狙いなどの非侵入盗）」を略奪行為と定義します。

最初に、日本国内で発生した4つの震災（関東大震災、阪神・淡路大震災、東日本大震災、熊本地震）を参照しながら、被災地における略奪行為の発生有無およびその増加程度を見ていきたいと思います。

2　関東大震災と阪神・淡路大震災における略奪行為の発生有無

関東大震災発生直後の東京では窃盗犯罪が3割以上減少

1923年9月1日に発生した関東大震災は、地震による強烈な揺れと大火災により、関東の広範囲に途方もない被害をもたらしました。特に東京府（現在の東京都）においては、人的被害だけでなく、倒壊や焼失による建物被害が甚大でした。また、第一次世界大戦の終戦による戦後恐慌もあり、当時の

日本は、関東大震災の被災前から国内情勢が安定していませんでした。

　しかし、現存する当時の犯罪統計を見てみると、震災発生当月（9月）の東京における窃盗件数は、前年同月（1922 年 9 月）と比較しても 36.5％の減少となっています [85]。関東大震災は今から約 100 年も前の災害であり、研究者や参照する記録により、被災後の犯罪件数に関する主張や情報にかなりの差異が生じています [86]。

　この震災における他の犯罪の増減については後述しますが、最も被害が甚大であった東京管内の窃盗犯罪（略奪）に限れば、少なくとも震災後に被災地で略奪行為が頻発していたという事実は確認できません [87]。

阪神・淡路大震災直後ではオートバイ盗が大幅に増加

　阪神・淡路大震災が発生した 1995 年 1 月の被災地（神戸市、西宮市、芦屋市）における窃盗件数は前年同月（1994 年 1 月）と比べて 58.5％減少しており、侵入盗は 50.2％、空き巣は 64.2％の減少となっています [87,88]。

　しかし、翌 2 月の窃盗件数を前年同月（1994 年 2 月）と比較すると、1.1％の増加となっています。窃盗件数の内訳を詳しく見ていくと、侵入盗と空き巣はそれぞれ 22.0％と 27.5％の減少となっていますが、オートバイ盗のみ 88.3％の大幅な増加となっています。

　このオートバイ盗件数の増加については、被災直後の交通インフラが破綻した特異な状況において（図表 69）、バイクが最も利便性の高い交通手段だったからだと考えられています [88]。

【図表 69　震災直後の神戸市内の道路や鉄道駅の様子】

写真提供：[16] 神戸市、2015

3　東日本大震災と熊本地震における略奪行為の発生有無

東日本大震災後の福島県では警戒区域内で侵入盗が増加

　東日本大震災で甚大な被害が生じた被災３県（岩手、宮城、福島）の窃盗犯罪を見てみると、被災後２か月（2011年３、４月）の窃盗件数（侵入盗、乗り物盗、非侵入盗の総計）は前年同期間（2010年３、４月）と比べて12.6％の減少となっていますが、侵入盗件数のみでは19.7％増加しています[89]。

　これら被災３県の侵入盗をさらに詳しく見てみると、2011年３月から12月までの約10か月間において、岩手県の侵入盗は前年同期間（2010年３～12月）と比較して19.6％の減少、宮城県では12.4％の減少となっています[90]。

　一方、福島県のみ、同期間の侵入盗は35.0％の増加となっています。福島県における侵入盗件数の増加は、原発事故後の警戒区域によって生じた無人地区に起因していると見られています（後述の図表77,78で詳しく説明します）。

　また、被災３県ではコンビニエンスストアや銀行のＡＴＭ荒らしも発生しており、被害額は合計で６億8,400万円にも上っています（図表70）。これらの犯罪統計に基づけば、東日本大震災後の福島県では、略奪行為が発生していたことになります。

【図表70　被災３県のATM被害件数】

種別		岩手	宮城	福島	合計
コンビニ	件数	2	14	30	46
	うち未遂	0	2	1	3
	被害額	約2,700万円	約1億6,500万円	約4億7,700万円	約6億6,900万円
金融機関	件数	1	5	9	15
（貸金業除く）	うち未遂	1	0	8	9
	被害額	0円	約1,500万	（約37万）	約1,500万

引用：[90] 警察庁（2012）をもとに作成

熊本地震後では窃盗犯罪の顕著な増加は確認されていない

　2016年4月14日に発生した熊本地震の前震から同年8月15日までの約4か月間において、警察庁は熊本地震の被災地で20件の窃盗行為を確認しています [91]。

　14人の窃盗犯によって行われたこれら20件の窃盗行為は、16件が侵入盗、4件が非侵入盗となっています。当該行為の対象物は、ヘルメットや電池などの実用品から金銭やネックレスなどの貴重品まで、多岐に渡ります。

　被災前年（2015年）における熊本県内の侵入盗件数は計808件となっており [92]、同年4か月分の侵入盗件数を単純計算で算出すると269.33件となります。

　熊本地震で特に大きな被害が生じた被災自治体は県内45市町村のうちのおよそ3割程度であり（13市町村）、この割合を踏まえて「被災13自治体における被災前年4か月間の侵入盗件数」を大まかに試算しても（269.33×0.29）、震災後4か月間で確認された窃盗件数（20件）の4倍近い値（77.80件）となります。

　また、熊本県警察が公表している2016年1月から8月までの県内窃盗犯件数、空き巣件数、忍び込み件数も、前年同期間（2015年1〜8月）と比較すると、それぞれ18.1％、12.6％、34.5％の減少となっています [93]。

　わかりにくい比較となってしまいましたが、これらの数値だけを見れば、少なくとも熊本地震後に被災地で窃盗行為が頻発していたとは言えません。

略奪の発生は、特異な被災状況に起因していた可能性が高い

　上述のとおり、日本国内で発生した4つの震災における略奪件数の増減を見てみると、少なくとも阪神・淡路大震災と東日本大震災においては、略奪行為が顕著に増加していたように見えます。

　逆に、関東大震災と熊本地震では、被災地で略奪が増加していたようには見えません。

　また、阪神・淡路大震災と東日本大震災で確認された略奪行為は、性質がかなり異なっているように見えます。阪神・淡路大震災の略奪（オートバイ盗）は、被災者による止むを得ない動機による行為のようにも見えます（例：

家族の安否を確認するためにどうしても移動手段が必要だった)。

　他方、東日本大震災の略奪(警戒区域内での侵入盗やATM荒らし)は被災者や一般人による犯行にはとても思えませんし、被災直後の混乱状況に乗じた私利私欲的な動機による行為に見えます。

　いずれにしても、これらの略奪の増加は災害自体というよりも、災害発生後に生じた特異な被災状況に起因していた可能性が高いといえます(交通インフラの破綻、原発事故による警戒区域の設定)。

4　アメリカで発生したハリケーン災害における略奪発生の有無

ハリケーン・カトリーナ被災後は侵入盗件数が約3倍に増加

　国内で発生した4件の震災事例のみでは、「大規模災害発生直後は被災地で略奪が頻発する」とは言い切れませんでした。そのため、アメリカの災害事例も確認したいと思います。

　最初の事例として、ハリケーン・カトリーナを取り上げます。2005年8月29日、カテゴリー5(5段階中最大)を記録した大型ハリケーンが、ルイジアナ州ニューオリンズ市周辺に上陸しました(上陸時はカテゴリー3)。カトリーナと命名されたこのハリケーンは、市内にある3つの主要な堤防を破壊し、ニューオリンズ市の8割を水没させました。

　近隣地域を含めれば、少なくとも1,500人以上がハリケーン・カトリーナの犠牲になっており、経済的な損失は800億ドル以上になると試算されています。

　ハリケーンの通過直後から、現地のマスコミは、ニューオリンズ市内で「多発」している略奪行為を扇情的に報じていました[73,94]。

　オリンズ郡(ニューオリンズ市を含んだルイジアナ州内の郡)の10万人あたりの侵入盗件数を見てみると、ハリケーン被災1か月前は82.3件でしたが、被災1か月後はその数が245.9件になっています[84]。

　侵入盗件数に限っていえば、ハリケーンの通過後、その数は約3倍に増加したことになります。ハリケーン・カトリーナの被災後にニューオリンズ市内で略奪行為が発生していたことは、当時のマスコミ報道だけでなく、犯罪

統計からも明白だといえます。

ハリケーン被災後の略奪増減率にはばらつきがある

とはいえ、ハリケーン・カトリーナの事例のみでは、「大規模災害発生直後は被災地で略奪が頻発する」と結論づけることはできません。ニューオリンズ市は、アメリカ国内でも有数のハリケーン多発地域となっています。

仮に大きな災害発生直後に略奪行為が頻発するのであれば、ニューオリンズ市を襲った過去のハリケーン災害においても、カトリーナ被災後と同程度の略奪行為が確認できるはずです。

図表71に、過去にニューオリンズ市を襲った4件のハリケーン災害の被害規模と被災前後の侵入盗件数を示します。図表71を見ると、いずれのハリケーンもニューオリンズ市に大きな人的・物的被害をもたらしており、被災後はオリンズ郡の侵入盗件数も確かに増加しています。

しかし、侵入盗件数の増減率については、その値にかなりのばらつきが見られます。既述のとおり、ハリケーン・カトリーナの被災後は侵入盗件数が3倍近くに増加していましたが、2008年のハリケーン・グスタフでは1.9倍、1947年と1965年のハリケーン被災後はそれぞれ1.3倍と1.04倍となっています。特に1965年のハリケーン・ベスティの被災後は、被災前とほぼ同程度の侵入盗件数に留まっています。

【図表71 各ハリケーンの被害規模とオリンズ郡における10万人あたりの侵入盗件数】

| ハリケーン名 | カテゴリー[*1]（上陸時） | 被害規模[*2] | | 10万人あたりの侵入盗件数 | | 増減率 |
		死者数	経済的損失額	被災1か月前	被災1か月後	
1947年無名	1	51	\$1億	22.6	28.9	27.9%
1965年ベスティ	3	58	\$14億	64.0	66.4	3.8%
2005年カトリーナ	3	1,577	\$810億	82.3	245.9	198.8%
2008年グスタフ	2	7	\$46億	68.0	130.4	91.8%

引用：[84] **Frailing & Harper** (2017)をもとに作成

[*1, *2] [95] **Beven II & Kimberlain**, 2009；[96] **Roth**, 2010

5 被災後の略奪行為の増減に関係する主な要因

ハリケーン・カトリーナ被災直後、被災地では特異な被災状況が発生

　これら4件の災害は同じ地域で発生した同じハリケーン災害ですが、なぜここまで被災後の侵入盗増減率に差が生じたのでしょうか？

　略奪行為の増減率に直接関係する要因としては、「特異な被災状況」、「公的機関によるずさんな災害対策・対応」、そして「既存の社会問題」が挙げられます。

　特異な被災状況については、図表71にあるとおり、ハリケーン・カトリーナは死者数および経済的損失額の両面において、他の3つのハリケーンよりもはるかに規模が大きい災害になっています。

　それだけでなく、例えば同じ2000年代のハリケーンであるグフタフと比較すると、ハリケーン・カトリーナは上陸後に堤防を破壊してニューオリンズ市の8割を水没させましたが、ハリケーン・グスタフでは堤防の決壊は確認されていません [84]。

　市内にあった3つの主要な堤防が決壊したことにより、ハリケーン・カトリーナの被災後は、事前に避難できなかった大勢の住民が水没した市内に取り残されるという特異な状況が発生しています。

ハリケーン・カトリーナにかかわる災害対策・対応は適切とはいえない

　この2件のハリケーン災害については、公的機関による災害対策・対応にも顕著な差が確認できます。ハリケーン・カトリーナ上陸時は、事前に連邦政府によって非常事態宣言が出されていました（グスタフの場合は州レベルの非常事態宣言）。

　にもかかわらず、ハリケーン・カトリーナの上陸直後、ニューオリンズ市警察職員全体の3割にあたる500人の警察官が、任務を放棄して自主避難または辞職しています [97]。

　また、国や州による災害対応も適切とはいえず、州兵が救援活動を開始したのは、ハリケーン・カトリーナの上陸から4日後の9月2日でした。

一方、ハリケーン・グフタフの災害対応では、被災前から 7,000 人の州兵が救援活動の準備や地域住民の避難支援、治安維持活動などを行っており、さらに、近隣州では 1,500 人の追加州兵が被災後の救援活動のために待機していました [84]。

ニューオリンズ市では、被災前から犯罪行為が蔓延していた

既存の社会問題については、ニューオリンズ市を取り巻く社会情勢が大きくかかわっています。ニューオリンズ市は 1960 年代までは工業や輸出業により栄えていましたが、1970 年代以降はこれらの産業が衰退し始め、失業率の増加や人種問題などにより住民間の社会経済的格差が拡大の一途を辿っていました [84]。

ニューオリンズ市に限らず、地域における失業率の高さや著しい社会経済的格差は、その地域の治安状態を悪化させる一因となります。これらの要因もあり、近年のニューオリンズ市は、全米でも有数の犯罪都市と見なされています。

例えば、ハリケーン・カトリーナ被災前年（2004 年）のニューオリンズ市の窃盗件数は 10 万人あたり 5,162 件となっていますが [98]、この件数は同年における全米平均（3,517.1 件）の約 1.47 倍となっています [99]。

つまり、ニューオリンズ市では、ハリケーン・カトリーナの被災前から窃盗犯罪が多発していたのです。

6 ハリケーン・カトリーナ被災後に見られた略奪行為の実態

略奪増加の主な理由は逃げ遅れた人々が生き延びるため

被災後の侵入盗増加率が特に顕著なハリケーン・カトリーナを例に、3 つの状況悪化要因（特異な被災状況、公的機関による災害対策・対応、既存の社会問題）が被災後の略奪行為に与える影響をまとめると、以下のとおりになります。

巨大ハリケーンの接近を間近に控えたニューオリンズ市周辺の地域では、当該地域の住民を対象とした広範囲に渡る避難命令が出されていました。多くの

住民は避難命令に従い事前に避難を行いましたが、経済的な理由から避難を行えない貧困層の住民のみが、市内に取り残される結果となりました [100]。

　被災直後は公的機関の支援が遅れたため、水没した市内に取り残されたこれらの住民は、営業している店舗がほとんどない中で、飢えをしのぐために水や食料などの生活必需品を自分たちで入手しなければいけない状況に直面しています [101,102]。

　生き延びるためとはいえ、無人の店舗から私有財産（例：水や食料、衣服）を持ち去る行為は、規則（法律）に違反した行動（犯罪）となります。これらの行為を「略奪」と見なすことは可能ですが、社会が機能不全に陥った状況で一般住民が生き延びるために止むを得ず行う規則違反行動と、被災後の混乱に乗じて一部の反社会的な人間が私利私欲のために行う規則違反行動を同一視することはできません。また、平常時から発生している窃盗行為が被災後に発生したとしても、当該行為が災害に起因しているとはいえません。

　厳密に言えば、「被災後に見られた略奪の件数」から「生き延びるために行われた略奪の件数」と「平常時から発生している窃盗の件数」を差し引いた件数が、災害に起因した略奪件数となります（災害発生直後の混乱状況に乗じて発生する窃盗犯罪）。しかし、この件数を正確に算出することは、とても難しいことです。

被災直後に見られる略奪の実態は、一般的なイメージとは異なっている

　被災後の略奪有無でいえば、既述の犯罪統計からも明らかなとおり、ニューオリンズ市内では略奪行為が発生していました。

　しかし、ハリケーン・カトリーナの被災後は大勢の住民が水没した市内に取り残されていたこと（特異な被災状況）、それにもかかわらず公的機関の救援活動が極めてずさんであったこと（公的機関のずさんな災害対策・対応）、そして同市が被災前から抱える社会経済的格差や治安問題（既存の社会問題）などを考慮すれば、被災後に見られた略奪の多くはある意味仕方のない行為であったと考えられます。

　少なくとも、ニューオリンズ市内で行われた略奪行為の多くは、一般に略奪という言葉から想像されるイメージ（例：災害発生後に行われる私利私欲

のための暴力的な窃盗行為）とはかなりかけ離れていると思います。

　そういった意味では、ハリケーン・カトリーナ上陸後のニューオリンズ市内で見られた略奪行為の多くは、阪神・淡路大震災の略奪行為（オートバイ盗）に似た行為だったといえます。

7　略奪行為の動機

３つの状況悪化要因が大きくなければ、生き延びるための略奪は増えない

　被災直後の略奪行為を動機別に大きく分けると、「生き延びるために止むを得ず行われる略奪」と「私利私欲のために行われる略奪」となります。

　上述の３つの状況悪化要因が大きくない場合は（例：特異な被災状況が生じていない、公的機関の災害対策・対応が適切、既存の社会問題が小さい）、一般の被災者も被災後最低限の身の安全が確保できている可能性が高いため、必然的に前者の略奪（生き延びるために止むを得ず行われる略奪）は少なくなるはずです。

　逆に言えば、これらの要因が大きい場合は、生き延びるための略奪も増加することになります。後者の略奪（私利私欲のために行われる略奪）は被災直後の混乱に乗じる「火事場泥棒」的な行為であり、この略奪も状況悪化要因によってその頻度が変化する可能性があります。

　しかし、この種の略奪は反社会的な特性を有する個人や集団による犯行と推測されるため（例：東日本大震災直後の警戒区域内での侵入盗やＡＴＭ荒し）、状況悪化要因の大きさにかかわらず、どの災害においても一定の割合で存在している可能性が高いといえます。

　日本は地理的に大きな自然災害が発生しやすい国ですが、1961 年に制定された災害対策基本法や以降における同法の改正などにより、他の国々と比べると公的機関による災害対策・対応はかなりしっかりしているといえます。

　また、日本国内の失業率や社会経済的格差、治安状況なども、他国と比べるとそれほど大きな問題にはなっていません。３つの状況悪化要因のうち２つがなければ（小さければ）、災害発生直後でも生き延びるための略奪は発生しにくいといえます。

これはアメリカも同様で、これまでアメリカ国内で発生したハリケーン災害の被災地すべてにおいて、これら3つの状況悪化要因が常に揃っていたわけではありません。

実際のところ、これまでアメリカでは多くのハリケーン災害が発生していますが、被災後に略奪行為の顕著な増加が確認されている事例のほうが少ないといわれています。

該当する事例としては1989年にアメリカ領ヴァージニア諸島のセント・クロイ島を襲ったハリケーン・ヒューゴが挙げられますが、この災害における略奪行為の増加についても、ハリケーン・カトリーナ同様、公的機関による災害対応の遅れや既存の社会問題が原因として指摘されています [73,103]。

少なくともこれらのハリケーン災害の事例からは、「大規模災害発生直後は被災地で略奪が頻発する」という結論は引き出せません。

8　被災後に略奪は増加するのか？

災害自体は略奪を増加させる直接的な要因ではない

アメリカに限らず、60年以上に渡る災害研究の知見に基づけば、災害発生直後の略奪は極めてまれな事象とされています [37,73,94,103,104]。

略奪を誘発させる先行要因（特異な被災状況、公的機関のずさんな災害対策・対応、既存の社会問題）が一定水準以上に顕在化されていない状況では、例え大きな災害が発生したとしても、略奪行為が顕著に増加することはまれだといえます。

逆に言えば、ある地域で略奪が頻発する場合は、災害の発生有無やその規模に関わらず、上述の要因が顕在化している可能性が高いといえます。

つまり、災害自体が略奪を増加させる直接的な要因ではなく、災害の発生を契機に顕在化された状況悪化要因が、略奪行為を増加させていると推測されます。

経済危機や政情不安などによって状況悪化要因が顕在化されれば（例：食糧難の発生、公的機関の機能不全、治安の悪化）、災害が発生しなくても、略奪や類似行為が多発する可能性は高いといえます。

被災直後の混乱状況でも人間の反社会性が高まるわけではない

　「災害発生直後の混乱状況では、略奪が発生しても犯罪統計に適切に反映されないのではないか？」という指摘があります。確かに、災害発生直後の混乱状況では、被害者が略奪被害に気づかない場合もありそうです。

　略奪行為における暗数（犯罪統計に反映されていない件数）の問題は当然考慮すべきですが、先ほども述べたとおり、「大規模災害発生直後は被災地で略奪が頻発する」という見解に当てはまる災害事例は、一般に考えられているほど多くありません[37,73,94,103,104]。

　また、これまで実際に確認された略奪行為の多くは、一部の反社会的な特性を有する個人または集団による場当たり的な行為と考えられています[103]。そのため、被災後の混乱状況に乗じて犯罪歴のない一般人が生存にかかわらない窃盗を行うことは、極めてまれだといえます。

　災害発生直後の混乱状況だからといって、「人間の反社会性が高まり、私利私欲に駆られた行為が行われやすくなる」というわけでは決してありません。生き延びるために止むを得えず略奪を行う人々を除けば、災害発生後に略奪を行う人々は、災害発生前からも類似の行為を行っていた可能性が高いのです。

　災害発生直後の略奪行為をまとめると、少なくともこれまでに取り上げた国内外の災害事例のいくつかにおいては、略奪や類似行為が発生していたように見えます。

　日本国内に限れば、阪神・淡路大震災や東日本大震災では、オートバイや現金などの略奪行為が発生していたようです。しかし、だからといって、大規模災害発生直後に必ず略奪行為が発生するというわけではありません。

　繰り返しになりますが、これまで世界各地で発生した大規模災害においても、略奪行為の顕著な増加が確認されている事例は多くありません。「略奪」という言葉が持つインパクトやマスメディアの略奪報道は印象に残りやすいですが、「被災地の略奪行為」自体はとてもまれな犯罪なのです。

　また、災害事例ごとの略奪行為を詳しく見ていくと、同じ略奪行為でも、その動機や行為者には大きな差が見られます。そのため、「大規模災害発生直後は被災地で略奪が頻発する」という考えは、かなり短絡的だといえます。

災害発生直後の略奪は、暴動や抗議デモなどで見られる略奪とは異なる

　ところで、現代社会では、時々暴動や抗議デモに乗じて略奪行為が発生することがあります。例えば、2020年5月以降にアメリカを中心に広がった人種差別抗議デモ（いわゆる「Black Lives Matter」運動です）では、一部の参加者が暴徒化した結果、全米各地で略奪行為が確認されています。

　暴動や抗議デモで見られる略奪の多くは、扉や窓ガラスを割って店内に侵入し、金目の物を奪って逃走するという行為です。略奪という言葉が持つ一般的なイメージに、ぴったりと当てはまります。

　一方、災害発生直後に見られる略奪行為は、仮に発生したとしても、多くの場合、暴徒による略奪ほどの規模や暴力性はないといえます。

　暴徒による略奪の行為者はもともと攻撃的な場合が多いですし、暴れることが1つの目的になっているように見受けられます。

　災害発生直後の略奪の行為者は一般の被災者である場合が多いですし、行為の主な目的は生き延びるためです。私利私欲のために行われる略奪についても、平常時の窃盗犯罪と同じように、どちらかといえば人目につかない状況で行われることが多いといえます（例：東日本大震災後の警戒区域内での侵入盗）。

被災地で大規模な略奪が発生することがあるが、それはかなり特異な例

　もちろん、大きな災害が発生した後に、暴徒による略奪のような大規模で暴力的な略奪が発生することがあります。例えば、2010年1月12日に発生したハイチ地震の後に見られた略奪です。

　当時の映像を見てみると、大勢の被災者が倒壊した建物から物資を運び出しており、場所によっては略奪者同士で盗品の奪い合いをしています。

　ただ、この地震の発生前から、ハイチは経済的にも政治的にも非常に不安定な状況に陥っており、おまけに治安も極めて悪い状況が続いていました。

　略奪を誘発させる先行要因がすべてそろっていた状況で巨大な地震が発生したために、ハイチの首都ポルトープランスでは大規模な略奪が発生したと考えられています。しかし、これまでの災害事例を見ても、略奪を誘発する悪条件がここまで揃った大規模災害は、それほど多くないといえます。

9 被災地の犯罪件数

ハリケーン被災後の 2006 年、ニューオリンズの犯罪件数は大幅に減少

多くの人々は、略奪同様、「大規模災害発生後は被災地で犯罪行為が増加する」と考える傾向があります [65,77]。図表 72 にあるとおり、この傾向は殺人や性犯罪などの対人犯罪よりも、窃盗や詐欺などのお金や物を対象とした犯罪でより顕著となっています。

ここからは、ハリケーン・カトリーナ、関東大震災、阪神・淡路大震災、そして東日本大震災を対象に、被災後の被災地における一定期間内（半年〜1 年間程度）の犯罪増減程度を見ていきたいと思います。

【図表 72　一般の人々による災害発生後の犯罪増減予想】

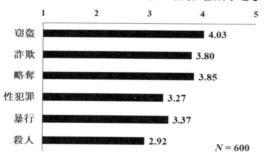

注：評価は「1．大幅に減少する」から「5．大幅に増加する」の5段階
引用：[105] **Nogami** (2015)をもとに作成

まずは、ハリケーン・カトリーナの事例を取り上げます。2003 年から2009 年までのニューオリンズ市の犯罪件数を見てみると（図表 73）、ハリケーン・カトリーナ被災前（2004 年）の暴力犯罪は 10 万人あたり 948.3 件、殺人は 56 件となっています。

同じ時期における暴力犯罪の全米平均が 10 万人あたり 465.5 件、殺人が5.5 件であることを考えれば [106,107]、窃盗犯罪に限らず、ニューオリンズ市が被災前から全米でも屈指の犯罪多発地域だったことがわかります。

ハリケーン・カトリーナが襲来した2005年は公的な犯罪統計が公表されていませんが（おそらくハリケーン被害により正確な件数の収集が不可能だったからだと思います）、翌2006年の犯罪件数を被災前年（2004年）と比較してみると、暴力犯罪（44.8％減）、殺人（32.9％減）、窃盗犯罪（45.3％減）のいずれも大きく減少しており、犯罪総数（45.2％減）も大幅に減少していることがわかります。

【図表73　ニューオリンズ市の10万人あたりの犯罪件数】

犯罪種別	2003年	2004年	2005年	2006年	2007年	2008年	2009年
暴力犯罪	967.3	948.3	不明	523	1,564.3	1,019.3	777
殺人	57.7	56	不明	37.6	94.7	63.6	51.7
窃盗犯罪	5,151.7	5,162	不明	2,824.5	7,063.5	5,287.1	3,846.3
犯罪総数	6,119	6,110	不明	3,348	8,628	6,306	4,623

　引用：[98] **City of New Orleans** (2016)をもとに作成

2007年にはニューオリンズ市内の犯罪件数が大幅に増加

　一方、2007年以降は、犯罪件数が急増していることがわかります。2006年と比較すると、2007年はどの犯罪も2.5～3倍近く増加しています。ニューオリンズ市の被災後の犯罪件数推移には既存の社会問題や被災後の人口移動などの様々な要因が関わっているため、2007年以降の犯罪件数の増加についてはその原因が明確になっていません。

　また、ニューオリンズ市の治安状況はハリケーン・カトリーナの被災直後から悪化していると主張する研究者もおり、2006年のニューオリンズ市の殺人発生率は2004年比較で49％、2005年比較で30％増加していると指摘しています [108]。

　そのため、ハリケーン・カトリーナの事例のみから、大規模災害発生後における被災地の犯罪増減程度に関する普遍的な見解を引き出すことはできません。同じように、利用可能な犯罪統計に基づけば、少なくとも、ハリケーン・カトリーナという災害自体が被災後のニューオリンズ市の犯罪件数を押し上げたという明確な証拠は確認できません。

10　3つの大震災後の犯罪情勢

関東大震災発生後は被災地で放火と殺人が急増

　関東大震災については利用できる資料が限られているため、被災後1か月間の犯罪統計を前年同月（1922年9月）と比較してみます。被災後における警視庁管内の犯罪件数を見てみると、放火罪と殺人罪以外の犯罪件数は大幅に減少していることがわかります（図表74）。一方、放火罪の件数は前年同月と比較して5倍、殺人罪については22倍の増加となっています。

　この震災に関しては、被災直後から、被災地において在日朝鮮人に関する悪意のある流言の発生が確認されています（例：「在日朝鮮人が井戸に毒薬を投入している」、「日本人を襲っている」[109]）。

　これらの流言が放火罪と殺人罪の増加に大きく関わっているとされ、特に殺人罪の増加については、これらの流言に過剰に反応した日本人自警団によって多くの在日朝鮮人が殺害されたためだと報告されています。

　流言による正確な犠牲者数は参照する記録により異なりますが、少なくとも578～6,000人以上の在日朝鮮人が流言の犠牲になったと推測されています[110,111]。また、この犠牲者の中には、在日朝鮮人だけでなく、自警団などによって誤って殺害された中国人や日本人も含まれています[110]。

　これらの事情を踏まえれば、関東大震災後の警視庁管内における犯罪件数（放火罪と殺人罪）の増加は、災害自体ではなく、既存の社会問題（被災前から存在していた在日朝鮮人に対する差別感情や恐怖心）が起因となっていたと考えられます。

　余談ですが、関東大震災では火災による被害が甚大となっており、死者の9割近くが焼死となっています。阪神・淡路大震災では犠牲者の約8割が建物倒壊による圧死となっており、東日本大震災では9割以上の犠牲者が溺死となっています。

　これら3つの震災は日本で発生した地震を起因とする災害ですが、犠牲者の主な死因は大きく異なっています。地震が発生する時代や時間帯、地域などによって、地震が人間社会に与える影響は大きく異なるようです。

【図表 74　関東大震災後の警視庁管内の主な犯罪件数】

区分	1922 年 9 月	1923 年 9 月	増減数	増減率
刑法犯総数	4,080	2,453	-1,627	-39.9%
放火罪	5	25	20	400.0%
強姦猥褻姦淫罪	14	6	-8	-57.1%
殺人罪	5	110	105	2100.0%
傷害罪	153	97	-56	-36.6%
窃盗罪	2,985	1,896	-1,089	-36.5%
強盗罪	18	5	-13	-72.2%
詐欺罪	338	87	-251	-74.3%
横領罪	261	121	-140	-53.6%

引用：[85] 東京府（1925）をもとに作成

阪神・淡路大震災後はオートバイ盗以外の犯罪は減少または前年同程度

　続いては、阪神・淡路大震災が発生した 1995 年から前後 2 年ずつの犯罪件数を確認していきながら、兵庫県内における犯罪件数の推移を見ていきたいと思います。

　震災前年（1994 年）と比較すると程度の差はありますが、いずれの犯罪も震災のあった 1995 年に減少していることがわかります（図表 75）。

　減少幅については、知能犯（15.7％減）、粗暴犯（10.6％減）、窃盗犯（8.3％減）の順に大きくなっています。

　先のハリケーン・カトリーナの犯罪件数と同じで、震災後（1996 〜 1997 年）はいずれの犯罪も増加傾向に転じています。

【図表 75　1993 〜 1997 年の兵庫県内の犯罪件数推移】

犯罪種別	1993 年	1994 年	1995 年	1996 年	1997 年
刑法犯総数	67,173	69,255	63,586	64,635	68,685
凶悪犯	243	222	211	207	255
粗暴犯	1,371	1,262	1,128	1,387	1,525
窃盗犯	60,342	62,768	57,536	58,155	61,343
知能犯	1,908	1,706	1,439	1,463	1,485
風俗犯	241	227	210	215	215
その他	3,068	3,070	3,062	3,208	3,862

引用：[112〜116] 警察庁（1994, 1995, 1996, 1997, 1998）をもとに作成

阪神淡路大震災の窃盗犯罪のみ、さらに詳しく見てみたいと思います。

　阪神・淡路大震災後の半年間（1995年1～6月）における被災地の犯罪認知件数と窃盗犯件数を見てみると、被災前年同期間（1994年1～6月）と比較し、認知件数計は16.2％の減少、窃盗犯件数は16.4％の減少となっています（図表76）。

　既述のとおり、オートバイ盗のみ増加していますが、その他の窃盗犯件数は減少していることが確認できます。大きな災害の発生後に散見される詐欺についても、被災前年同期間とほぼ変わらない件数となっています（3.2％減）。

　すでに述べたとおり、このオートバイ盗の増加は被災後に生じた特異な被災状況（交通インフラの破綻）に起因していた可能性が高いため、阪神・淡路大震災におけるオートバイ盗の増加のみを根拠に、「大規模災害発生後は被災地で犯罪行為が増加する」とは言い切れません。もちろん、「大規模災害発生後は被災地でオートバイ盗が増加する」という主張も、一般化するのは少々無理があると思います。

【図表76　阪神・淡路大震災後の被災地の犯罪認知件数】

犯罪種別	1994年*	1995年*	増減数	増減率
認知件数計	11,038	9,251	-1,787	-16.2%
窃盗犯	10,121	8,464	-1,657	-16.4%
侵入盗	1,580	903	-677	-42.8%
空き巣	673	348	-325	-48.3%
オートバイ盗	2,281	3,041	760	33.3%
自転車盗	1,502	1,291	-211	-14.0%
詐欺	218	211	-7	-3.2%

*東灘、灘、葺合、生田、兵庫、長田、須磨、芦屋、西宮、甲子園の各地区の1994年と1995年の1～6月の犯罪認知件数計
引用：［87］足立（2012）と［88］斎藤（2001）をもとに作成

東日本大震災後の被災3県では福島県の侵入盗のみが増加

　東日本大震災後の被災3県における2011年3～12月の窃盗犯、凶悪犯、粗暴犯の認知件数を被災前年同期間（2010年3～12月）と比較してみると、岩手県と宮城県については、すべての犯罪の認知件数が減少していることが

わかります（図表77）。

　福島県についても、窃盗犯、凶悪犯、粗暴犯はそれぞれ14.7%、27.3%、19.9%の減少となっています。窃盗犯の内訳を見てみても、侵入盗以外は全て減少しており、非侵入盗は27.1%、乗り物盗は64.0%の減少となっています。

　既述のとおり、福島県においてのみ、侵入盗が35.0%も増加しています。こうやって見てみると、同じ被災地でも福島県のみが、そして福島県においても侵入盗のみが増加していたことがよくわかります。

　阪神・淡路大震災のオートバイ盗と同じように、福島県の侵入盗の増加のみを根拠に「大規模災害発生後は被災地で犯罪行為が増加する」と言ってしまうのは、少々無理があるように思えます。

【図表77　東日本大震災後の被災3県の犯罪認知件数】

区分	岩手県			宮城県			福島県		
	2010	2011	増減	2010	2011	増減	2010	2011	増減
刑法犯総数	6,567	5,555	-1,012	21,201	17,452	-3,749	17,032	13,625	-3,407
窃盗犯	4,908	4,231	-677	15,966	13,340	-2,626	12,801	10,311	-2,490
侵入盗	670	539	-131	2,427	2,126	-301	1,776	2,397	621
非侵入盗	2,650	2,229	-421	7,817	6,319	-1,498	7,017	5,116	-1,901
乗り物盗	1,588	1,463	-125	5,722	4,895	-827	2,798	1,008	-1,210
凶悪犯	41	34	-7	108	69	-39	66	48	-18
粗暴犯	252	240	-12	781	747	-34	693	555	-138

注：対象期間は各年3〜12月
引用：[90] 警察庁（2012）をもとに作成

11　被災地では犯罪が増加するのか？

ある一定の条件が揃うと、災害発生後に特定の犯罪が増加する場合がある

　福島県内の侵入盗について、さらに詳しく見てみたいと思います。

　福島県の警戒区域内（双葉、南相馬、田村）における犯罪認知件数を見てみると、刑法犯総数、窃盗犯、空き巣、出店荒しの全てで認知件数の増加が確認できます（図表78）。

更に詳しく見てみると、特に空き巣と出店荒しが著しく増加しており、前年同期間（2010年3～12月）と比較して、それぞれ約11倍と6.5倍の増加となっています。福島県全体の空き巣および出店荒しの増加認知件数を見れば、警戒区域内の空き巣と出店荒しが県全体の認知件数を押し上げていることがわかります。

　既述のとおり、福島県内における窃盗犯認知件数の増加は警戒区域の設定に起因している可能性が高いため、そのような特異な地域を除けば、被災後福島県内でも犯罪は増加していないことになります。

【図表 78　福島県内における警戒区域（双葉、南相馬、田村）の犯罪認知件数】

区分	福島県			警戒区域 3 署		
	2010	2011	増減	2010	2011	増減
刑法犯総数	17,032	13,625	-3,407	1,137	1,519	382
窃盗犯	12,801	10,311	-2,490	859	1,309	450
空き巣	601	1,108	507	58	637	579
出店荒し	208	248	40	11	71	60

注：対象期間は各年 3～12 月

引用：［90］警察庁（2012）をもとに作成

　ここまでの内容を整理してみます。大規模災害の発生後は、被災地で犯罪件数が増加する場合があります。事実、災害研究者の中には、「災害発生後は犯罪が増加する」と考えている人たちもいます［84,117］。

　しかし、すべての災害事例で犯罪の増加が確認されているわけではありませんし、すべての犯罪行為が一様に増加するわけではありません。

　犯罪が増加している災害事例と増加した犯罪行為を見てみると、主に「災害発生前から存在する社会問題（例：ハリケーン・カトリーナ被災数年後に見られた犯罪件数の増加、関東大震災後の放火および殺人件数の増加）」、もしくは「個々の災害によって生じた特異な被災状況（例：阪神・淡路大震災後における交通インフラの破綻に起因するオートバイ盗の増加、東日本大震災後の警戒区域の設定による侵入盗の増加）」が原因である可能性が高いと

いえます。

ですから、「大規模災害発生後は被災地で犯罪行為が増加する」と言うのではなく、「ある一定の条件が揃うと、災害発生後に特定の犯罪が増加する可能性がある」と言ったほうが適切だといえます。

通常、被災地の犯罪件数は減少または被災前と変わらない水準に留まる

3つの震災事例ではいずれも被災後に特定の犯罪が増加していましたが、その他の多くの犯罪件数は減少、または被災前と大きく変わっていなかった点に留意する必要があります。

事実、これまでの災害研究の結果に基づけば、多くの場合、被災後被災地の犯罪件数は減少するか [37,103,118]、被災前と変わらない水準に留まるとされています [119]。また、興味深いことに、被災後一時的に犯罪件数が減少したとしても、時間の経過とともに、徐々に被災前の水準に回帰することがわかっています [120]。

確かに、ハリケーン・カトリーナ被災後のニューオリンズ市（図表73）や阪神・淡路大震災後の兵庫県の犯罪件数（図表75）を見ても、この傾向はある程度確認することができます。

略奪同様、犯罪統計に反映されていない暗数の問題があるため、犯罪統計を基にした災害発生後の犯罪傾向に関する議論は慎重に行う必要があります。

また、厳密に言えば、犯罪件数の増減については犯罪件数の全体的な推移状況（例：過去10年の増減傾向）を考慮する必要がありますので [121]、震災前後の年との比較で犯罪件数が増えた（減った）からといって、「災害発生後に犯罪が増加した（減少した）」とはなかなか言い切れないのです。

略奪と同じように、どの犯罪も平常時から発生している事象です。ですから、被災後に犯罪が発生したからといって、その犯罪が災害によるものだとは言い切れません。

少なくとも、特定の災害で見られた特定の犯罪行為の増加のみを根拠に、「大規模災害発生後は被災地で犯罪行為が増加する」と結論づけることはできません。

余談ですが、通常、被災地では被災後に治安維持活動が強化されるため[90,114]、被災前より犯罪が行いにくい状況になるといえます。

12　被災地で犯罪を行う人

犯罪は、災害の発生有無などにかかわらず人間社会で毎日発生している

　人間社会には、いろいろな「規則」が存在しています。暗黙のうちに受け入れられている社会規範や明文化されている法律など、人は様々な規則に従いながら日常生活を営んでいます。

　一方で、普段規則を守っている人でさえ、状況によっては、規則違反行動を行い得ます（例：信号無視をする）。特に犯罪などの深刻な規則違反行動については、反社会的な特性（例：精神病質、反社会性人格障害）を有する個人のほうが、そうでない個人よりも既存の規則から逸脱する可能性が高いといわれています[122,123]。

　きわめて当然のことですが、犯罪をはじめとするこれらの規則違反行動は、災害の発生有無や規模、その種別などにかかわらず、人間社会で毎日発生しているのです。ある地域や時期の犯罪傾向を検証する際は、その行為が発生する場所の社会情勢なども無視することはできません。

　同一の国・地域でも時代ごとの社会問題（例：失業率、社会経済的格差、治安状態）などにより、犯罪件数は大きく左右されますし[124,125]、同じ犯罪行為でも国や地域によってその頻度に著しい差が確認されています[126]。

　さらに言えば、災害が犯罪件数に与える影響については、被災地における当該行為の「発生有無」自体ではなく、犯罪件数が被災前よりも「顕著に増減したか否か」が重要な論点となります。災害発生後の犯罪傾向を議論する際は、これらの点を十分に考慮する必要があります。

　大規模な災害が発生すると、建物被害やライフラインの機能停止などにより、人々の間で治安に関する不安が一時的に高まります。特に災害発生直後の混乱状況においては誰が何をやったかがわかりにくくなるため、窃盗などの犯罪が発生したとしても、事後に犯人の追跡が困難となる可能性が平常時より高いといえます。

心理学の先行研究によれば、誰が何をやったかわからない状況（匿名状況）においては、金品などの物質的な自己利益が対象物となっている場合にのみ、適切な倫理観を有する個人であっても規則違反行動を起こしやすくなると報告されています [127~130]。

　この先行研究の結果を踏まえれば、被災後は反社会的な特性を有する個人による犯罪だけでなく、適切な倫理観を有する一般人による犯罪（特に窃盗犯罪）も増えるように思えます。

　ここからは、被災後の犯罪行為の行為者に焦点を当てながら、心理学の観点から大規模災害発生後の犯罪傾向を検討してみたいと思います。

災害発生直後の略奪は主に困窮型と便乗型

　災害発生後の犯罪行為に関して、斉藤 [131] は4つの類型を示しています（図表79）。

　「困窮型」は被災後生き延びるために止むを得ず行われる犯罪行為であり、被災者が無人の店舗から代金を支払わずに水や食料を持っていく行為などが含まれます。「便乗型」は災害発生後の混乱に乗じて行われる犯罪行為と定義されており、被災後の店舗や無人宅への侵入盗、募金詐欺などが挙げられます。「ストレス型」は、避難所での暴力行為など、被災後に被災者が受けるストレスがきっかけとなる犯罪行為です。

　4つ目の「その他」は、これら3種の混合型の犯罪行為が含まれます。

【図表79　災害発生後に見られる犯罪行為の類型】

No.	類型	概要	犯罪例	行為者
1	困窮型	被災後生き延びるために止むを得ず行われる犯罪行為	店舗等からの水・食料の持ち去り	被災者
2	便乗型	被災後の混乱に乗じて行われる犯罪行為	店舗や無人宅への侵入盗、募金詐欺	非被災者、被災者
3	ストレス型	被災後に受けるストレスがきっかけとなる犯罪行為	避難所での暴力行為、家庭内暴力	被災者
4	その他	上記3種の混合	上記3種の混合	被災者、非被災者

引用：[131] 斉藤（2013）をもとに作成

本章で取り上げた災害事例や先行研究の結果を踏まえれば、災害発生直後の略奪については、困窮型と便乗型の割合が高いといえます。被災後の略奪行為における困窮型と便乗型の割合ははっきりとしていませんが、既述のとおり、状況悪化要因が大きければ困窮型、そうでない場合は便乗型の割合が高くなると推測されます。

　災害があまり発生しない地域、またはもともと経済や政情が不安定な国で大規模な災害が発生すれば、公的機関の災害対策・対応もそれほど効果的に機能しないことが予想されるため、困窮型の略奪が増加する可能性が高いといえます（例：2010年1月12日に発生したハイチ地震後の略奪、2013年11月8日に上陸した台風30号通過後のフィリピン・レイテ島における略奪）。

　この点からいえば、被災後に見られる困窮型犯罪（特に被災直後の略奪）の割合は、国や市町村などによる災害対策・対応の程度と貧困にかかわる社会問題の大きさに特に左右されるといえます。

　便乗型はその多くが反社会的な特性を有する個人や集団による行為と見られているため、災害の発生有無や規模、発生地域にかかわらず、常に一定数存在している可能性が高いといえます。

　もちろん、ニューオリンズ市のように、治安状態が著しく悪化している地域で災害が発生すれば、そうでない地域よりも便乗型の略奪はより顕著に目につくはずです。また、東日本大震災後の警戒区域のような特異な被災状況が生じれば、便乗型犯罪の割合は高くなると推測されます。

　便乗型の略奪行為については、治安にかかわる既存の社会問題および監視が届きにくい特異な被災状況が、その増加に大きく寄与していると推測されます。

13　災害と犯罪

被災状況によっては、どんな人でも困窮型の犯罪は行い得る

　ハリケーン・カトリーナで被災したニューオリンズ市民のように、貧困により備蓄も事前避難もできない状況で被災し、被災後も公的機関の支援がす

ぐには期待できなかったとしたら、適切な倫理観を備えた人であっても、水没した街にある無人の店舗から食料や水などを持ち去っていってしまうかもしれません。

　また、阪神・淡路大震災発生直後のように、通信や交通インフラが機能不全に陥った状況において遠方に住む家族の安否を至急確認する必要があれば、犯罪歴のない者であっても、他人のバイクを不法に奪ってでも家族のもとへ駆けつけようとするかもしれません。

　このように、被災状況によっては、どんな人でも困窮型の犯罪は行い得るといえます。他方、便乗型の犯罪には、東日本大震災後に見られた警戒区域内での侵入盗やＡＴＭ荒しなど、通常、一般の人々では行えないような犯罪が多く含まれています。

　これらの犯罪は反社会的な特性を有する個人や集団によって行われている可能性が高いといえますが、これらの反社会的な人々も人間であり、被災地域に居住していれば、程度の差はあれ一般の人々と同じように被災するはずです（例：怪我を負う、自宅が損壊する）。

　被災後は反社会的な人々も平常時と比べれば犯罪を行う余裕がなくなるため、被災後に被災地内で見られる便乗型犯罪の多くは、被災地域外からやって来る非被災者、またはそれほど被災程度が大きくない被災者である可能性が高いといえます。

平常時に犯罪を行わない人は、被災後も便乗型犯罪は行わない

　便乗型の犯罪についていえば、犯罪歴のない一般人も、被災後の混乱に乗じて生存に直接かかわらない犯罪行為（特に窃盗）を行うことがあります。ハリケーン・カトリーナの被災後も、ニューオリンズ市内で一般の被災者による便乗型の略奪行為が散見されていました。

　しかし、そのような行為に至る一般人は、割合でいえばごくわずかだと推測されています [94]。被災後の混乱状況（誰が何をやったかわかりにくい状況）では、一般の被災者および非被災者による規則違反行動も増加するように思えます。

　現実には、被災直後の被災地域や大事故発生直後の現場では、犯罪のよう

な反社会的な行動ではなく、被災者および非被災者による相互支援などの利他行動（他人に利益を与える行動）がより顕在化される傾向が確認されています［70,71,94,102,132］。

　少なくとも、平常時に犯罪を行わない人が被災後の混乱状況に乗じて利己的な犯罪に手を染める可能性は、一般に思われているよりも低いといえます。

　多くの人間は内在化された規則（倫理観）を持っているため、仮に自分の行動が誰にも見られていない状況（行動の責任が事後に追及されない状況）であっても、止むを得ない場合を除き、規則から逸脱するような行動は簡単には起こさないのです。

被災後でも、平常時と同じように防犯意識は持つべき

　本章では、大規模災害発生後の被災地における略奪とその他の犯罪行為について、国内外の災害事例を参照しながら、その増減程度を確認しました。

　大規模災害発生後は被災地で略奪などの犯罪行為が発生しますが、それらの行為の多くは一般に想像されているような反社会的で暴力的な行為ではなく、特定の被災状況においては止むを得ない行為となります。

　犯罪行為は災害発生前からも発生しているため、一部の反社会的な個人や集団が平常時から行っている犯罪行為の原因を災害に帰することは、適切とはいえません。また、被災後の犯罪行為の増減に注目すれば、被災後に略奪などの犯罪行為が顕著に増加した災害事例は、一般に思われているほど多くありません。

　災害はその種別や規模、発生地域によって、様々な被災状況を生み出します。そのため、特定の災害事例で見られた特定の犯罪行為の増加のみを根拠にその現象を一般化することは、かなり誤解を生むやり方だといえます。

　もちろん、災害発生後の被災地で犯罪が全く起きないわけではありません。そのため、被災後も平常時と同じように、自分の身や財産を守る防犯行動は可能な限りとるべきだといえます。

※第4章は、次の既刊論文を加筆修正したものです。

　野上 達也（2018）．大規模災害発生後の犯罪傾向　政経論叢, 3・4, 431-459.

第5章
災害支援

1　災害発生直後における被災者の心理状態

阪神・淡路大震災発生直後、多くの被災者は救助活動を行っていた

　本章では、被災者の心理状態や被災者支援に焦点を当てたいと思います。

　最初に、災害発生直後における被災者の行動傾向から、被災者の心理状態を推測したいと思います。被災者のイメージとして、大規模な災害発生直後、「被災者は心理的ショックで放心状態となり、適切な判断がとれなくなる」というものがあります。内容としては、第3章で紹介したパニックに少し似ています。

　突然大きな揺れが起こって家中の家具が激しく倒れたり、豪雨によって自宅が浸水したりしたら、冷静でいられるほうが普通ではないと思います。しかし、突然不測の事態に巻き込まれてしまったら、人々はあたふたしてその場に応じた行動がとれなくなってしまうのでしょうか？

　この実態を探るため、過去の災害事例をひも解きながら、被災者が実際にとっていた行動を見ていきたいと思います。

　最初に1995年の阪神・淡路大震災直後における被災者の行動傾向を見てみたいと思います。阪神・淡路大震災では地震の揺れによる建物の倒壊が激しく、多くの人々が倒壊した建物に閉じ込められました（図表80）。

　阪神・淡路大震災は直下型の地震（内陸部で発生する地震）で、1月17日の早朝5時46分に発生しています。一般的には、まだ家にいる時間帯です。そのため、多くの人々が、建物の倒壊に巻き込まれてしまったのです。

　そのような状況において、生き埋めとなってしまった人たちは、どのようにして倒壊した建物から脱出することができたのでしょうか？　事後に行われた調査によると、調査対象となった840人の被災者のうち、45.6％が近所で生き埋めになった人を目撃しています[133]。

　これらの目撃者のうち、76.5％が当該被災者の救出活動を確認しています。確認された救出活動のうち、60.5％は「近所の人」、18.9％は「家族」によって行われていたと報告されています。つまり、生き埋めになった人の多くが、近所の人や家族によって救助されていたのです。

【図表80　阪神・淡路大震災直後の神戸市内の様子】

写真提供：［16］神戸市、2015

大規模災害発生直後は公的機関の支援が間に合わない場合がある

　日本火災学会が実施した調査でも、同様の傾向を確認することができます（図表81）。図表81を見てみると、自力で脱出した人は34.9％、家族によって助け出された人は31.9％となっています。友人や隣人によっても、28.1％の人が助け出されていたことがわかります。

　大きな災害が発生すると、通常は消防や警察、自衛隊などの公的機関が被災者の救助活動を行います。しかし、図表81では、救助隊に助け出された人は全体の1.7％にとどまっています。これは一体どういうことでしょうか？

　この震災に関していえば、救助隊による救助割合が低かったからといって、公的機関が救助活動を行っていなかったというわけではありません。

　阪神・淡路大震災のような大規模な災害が発生すると、道路や橋などの交通インフラが被災してしまったり、倒壊した建物によって道路が通れなくなったりしてしまう場合があります（図表82）。

　そうなってしまうと、消防や警察、自衛隊でも、すぐに被災現場に到着できない可能性があります。また、広い範囲が被災すると、公的機関だけでは、救助が間に合わなくなってしまう場合もあります。そのような状況では、被災者による自助・共助が特に重要になってくるのです。

　仮に阪神・淡路大震災の発生直後に多数の被災者が心理的ショックで適切な判断が下せない状態に陥っていたとしたら、生き埋めになった人（または自分自身）を助けるという意思決定をし、その行動を短時間のうちに完遂することは極めて困難だったはずです。

【図表 81　阪神・淡路大震災時における主な救助方法】

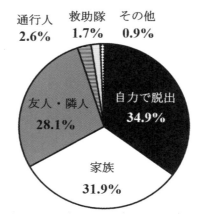

【図表 82　阪神・淡路大震災直後の神戸市内の道路】

写真提供：［16］神戸市、2015

　続いては、東日本大震災を取り上げます。

　東日本大震災後に中央防災会議［34］が実施した被災３県沿岸部（岩手、宮城、福島）の避難行動に関する調査によると、870 人の対象被災者のうち、揺れの後すぐに避難した者は全体の 57％となっており、残りの 42％は避難よりも他の行動を優先しています（「自宅に戻ったから　22％」、「家族を探しにいったり、迎えにいったりしたから　21％」、「家族の安否を確認していたから　13％」など：第２章の図表 43 参照）。

　もちろん、この調査の対象は生存者のみであり、津波に逃げ遅れて命を失

った人々の行動までは把握できません。そのため、「地震の激しい揺れで放心状態となり、津波から逃げ遅れた」という被災者がいた可能性は、完全には否定できません。

　しかし、あれほどの揺れを経験した直後であっても、多くの被災者は、主体的な行動がとれるだけの心理状態にあったと推測することができます。

2　テロ事件発生直後における被災者の心理状態

同時多発テロ発生直後、多くの被災者はお互いに助け合っていた

　海外の事例も、2つほど取り上げたいと思います。

　2001年9月11日にニューヨーク市にある世界貿易センタービルで発生した同時多発テロでは、1機目の航空機が北棟に衝突した時点で、棟内にはおよそ5,000 〜 7,000人の人がいたと推測されています。

　程度の差はあれ、当時棟内にいたほとんどの被災者が、心理的にも大きなショックを受けていたはずです。しかし、そのような心理状態でも、被災者の避難自体は大きな混乱もなく行われていたと報告されています [135~137]。

　それだけでなく、事態の全容が把握できない中、大多数の被災者は非常階段による避難を強いられていましたが、そのような切迫した状況においても被災者同士による多くの利他行動が確認されています（例：体の不自由な人の避難を補助する、重症を負った被災者を優先的に避難させる [136,137]。

　また、航空機の衝突から約2時間後に崩壊した北棟については、衝突箇所（92階）以下のフロアにいた被災者の99%が無事避難できたと報告されています [135]。

　北棟におけるこの高い避難率は、想像を絶する出来事の直後でも、多くの被災者が避難に要する最低限の判断能力を失っていなかったことを間接的に示しています。なお、92階以上にいた被災者は衝突により避難経路が物理的に絶たれていたため、残念ながらほぼ全員が犠牲となっています。

ロンドンの自爆テロでは、一般の人々によって負傷者救助が行われていた

　次は、ロンドンで発生した自爆テロの事例です。2005年7月7日、朝の

ラッシュアワー時にロンドン市内の地下鉄内3か所で同時爆破テロ事件が発生し、実行犯4人を除く52人が死亡しました。

　群集密度が高くなる平日朝の通勤・通学の時間帯に発生したこのテロ事件では、事件直後の混沌とした状況においても、通勤客らによる迅速な負傷者救助活動が確認されています。

　また、事後に行われた調査によると、テロ発生直後の現場では、救助者（被災者）同士の結束が見られたとも報告されています [138]。

　事件発生直後に多くの被災者が適切な判断を下せない心理状態に陥っていたとしたら、集団による統制のとれた救助活動の遂行は不可能だったはずです。

3　災害発生直後の自治体職員の心理状態

大地震直後でも、小千谷市職員は速やかに災害対応業務を開始していた

　ここまでは一般の被災者の行動を取り上げましたが、災害発生直後の自治体職員（役所などの職員）の行動にも目を向けたいと思います。

　地域の防災対策・対応の中枢を担う市町村などの自治体職員も、当然ながら一般の人々と同じ人間です。ひとたび災害が発生すれば、被災地域の自治体職員自身も、地域住民と同じように被災者となります。

　仮に災害発生直後に被災者が心理的なショック状態に陥ってしまうのであれば、市町村などによる災害対応（例：避難情報を発する、避難所を開設する、被災者支援を行う）にも支障をきたしてしまうのではないのでしょうか？

　ここでは、2つの震災における被災職員の行動を確認したいと思います。

　2004年10月23日17時56分、最大震度7の地震が新潟県中越地方で発生しました。68人が犠牲となったこの震災では、本震後も大きな余震が立て続けに発生していました。

　最初に震度6強の激しい揺れに見舞われた小千谷市（死者19人）では、18時11分にも6強、18時34分と19時45分には6弱の余震が発生しています。

　そのような切迫した状況においても、小千谷市職員の対応は迅速だったと

いえます。発災直後にもかかわらず、本震後まもなくほぼ全員の職員が登庁し、18時40分ごろには災害対策本部が設置されています [139]。

その後の対応についても、被災職員による情報収集や伝達、被災者支援などが速やかに実施されており、少なくとも「巨大地震の発生により多くの被災職員が機能不全に陥っていた」という事実は確認できません。

東日本大震災の直後でも、多くの被災職員は災害対応業務に従事していた

東日本大震災では、被災3県沿岸部において、多くの自治体職員が犠牲となってしまいました。岩手県大槌町では津波によって町役場が流され、職員140人のうち首長を含む40人が命を落としています（犠牲者率28.6%）。

事後調査によると、多くの大槌町職員は地震発生後も高台に避難せず、津波の襲来まで役場などで初動対応の準備を行っていました（例：庁舎での災害対策本部の設置、避難場所などの任務地への移動、情報収集 [140]）。

同じ岩手県の陸前高田市では、111人（嘱託・臨時職員含む）もの職員が犠牲となっています（犠牲者率25.1% [141]）。大槌町職員と同じく、地震後に避難誘導や情報収集、初動対応準備などの災害対応業務を優先した結果、多数の陸前高田市職員が津波から逃げ遅れる結果となってしまいました。

これら2つの市だけでなく、被災3県沿岸部の多くの被災市町村において、地震発生後に避難よりも災害対応業務を優先した結果、300人を超える自治体職員が公務中に津波の犠牲となっています [142]。

発災直後に自分の身の安全を確保することは、どの立場の人間にとっても優先事項となります。それは、災害対応の責務を担う自治体職員も同じです。

前章で説明しましたが、2005年8月のハリケーン・カトリーナ上陸直後、ニューオリンズ市警察全職員の約3割にあたる500人が、自分の身の安全を確保するために自主避難したり、辞職したりしています [97]。

東日本大震災発生直後においても、避難を優先した被災職員が少なからずいたかもしれません。しかし、当事者の証言や事後調査の結果から、少なくとも災害発生直後の小千谷市や大槌町、陸前高田市においては、業務を放棄して自身の避難を優先させた職員が多くいたようには見えません。

また、災害発生直後に心理的なショックによって機能不全に陥った被災職

員が多数いたようにも見えませんし、それらの職員によって初動対応に大きな支障が生じたという事実も確認できません。

発災直後でも、多くの被災者は冷静に振る舞うことができる

　第3章で説明したパニックの災害事例を改めて振り返ってみると、災害や事故などが発生した直後の緊迫した状況においても、被災者による理性的な行動傾向が確認できます（例：タイタニック号や日本航空123便における乗客・乗員の行動）。

　この行動傾向は、パニックだけでなく、「大規模な災害発生直後、被災者は心理的ショックで放心状態となり、適切な判断がとれなくなる」というイメージにも合致しません。

　また、第2章で、災害発生直後は情報収集や家族の安否確認、避難準備が行われる傾向があると説明しました。

　被災者が心理的なショックでその場に応じた行動がとれない状態に陥っていたとしたら、これらの行動もとれないと思います。もちろん、不意に予期せぬ出来事に遭遇すれば、どんな人間であっても、一時的であれ適切な判断が下せない心理状態に陥ってしまう可能性は否定できません。

　上述の災害事例においても、災害発生後しばらく冷静さを失ったままの人や放心状態となり適切な判断が下せなかった人が、少なからずいたはずです。目の前で自分の家族が大けがをしてしまったり、家族の安否がわからなくなってしまったりしたら、ほとんどの人は取り乱してしまうと思います。

　しかし、そのような状態に陥った被災者や被災職員は、全体の割合から見ればわずかだったと推測されます。

　また、第3章でも説明しましたが、災害発生直後に見られる人間の反応は一過性のものであり（例：冷静さを失う、大声を出す）、多くの被災者は、災害発生後間もなくなんらかの行動がとれる状態に戻っています [64,65]。

　特に災害発生直後は、利他行動（他人に利益を与える行動）が顕在化されることがわかっています [70,71,94,102,132]。災害発生直後でも、多くの人は、一般に思われている以上に冷静に振る舞うことができるのです。人間は、自分たちが思っている以上にたくましい生き物なのです。

4 被災者・被災地への支援方法

大きな災害が発生すると、多くの人は被災者・被災地を助けようとする

　多くの人は、困った人を見たら助けたいと思います。これは他の国・文化圏でも見られる、ごく当たり前の行動傾向です。災害発生後においても、この傾向は変わりません。

　すでに説明したとおり、災害発生直後、被災者はお互いに助け合う傾向があります。この傾向は、災害の影響を直接受けていない人たちにも見られます。

　阪神・淡路大震災の時は、震災から1年の間に、延べ138万人の人々が被災地でボランティア活動を行いました [143]。東日本大震災の時も、発生から1年の間に、約130万人の人々が被災3県（岩手・宮城・福島）でボランティア活動を行っています [144]。

　このように、大きな災害や事故などの発生後は、一般の人々による被災者・被災地の支援活動も活発化します。

　大きな災害が発生したら、多くの人は、なんとかして被災者や被災地を助けたいと思います。ここで興味深いのは、その方法です。一般の人々が考える「被災者や被災地にとって有効な支援方法」を調査したところ、図表83の結果が得られました。

　図表83では回答者を過去に寄付をしたことのある人とない人で分けていますが（黒い棒グラフが寄付経験あり群、白い棒グラフが寄付経験なし群）、だいたい同じような結果になっています。

　詳しく見てみると、寄付経験あり群で最も値が高かったのは「被災地でのボランティア活動　5.81」、次いで「被災地への救援物資発送　5.61」、「被災地への義援金送付　5.58」となっています。寄付経験なし群では、「被災地への救援物資発送　5.11」が最も値が高く、次いで「被災地でのボランティア活動　5.01」、「被災地への義援金送付　4.90」となっています。

　総じて、寄付経験あり群のほうが、なし群よりも支援行動の効果を高く考える傾向があるようです。

【図表 83　一般の人々が考える有効な支援行動】

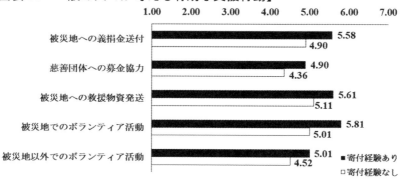

注：評価は「1．全くそう思わない」から「7．とてもそう思う」の7段階
引用：[145] **Nogami** (2014)をもとに作成

物資による支援は、被災地に大きな問題をもたらす可能性がある

　図表83を見ると、寄付経験の有無にかかわらず、支援物資の送付や被災地でのボランティア活動のほうが、お金による支援（義援金送付や募金協力）よりも効果が高いと思われているようです。

　特に支援物資の送付については、以前からお金による支援よりも優先される傾向が確認されています [65,77]。

　しかし、物資による支援は、被災地に大きな問題をもたらす可能性を含んでいます [65,146,147]。

　日本で発生した災害においても、支援物資にかかわる問題はたびたび確認されています。例えば、1993年に大津波により甚大な被害を受けた北海道の奥尻町は、被災後全国の一般人から送られてくる30万個を超える支援物資に対応するために、多くの労力と費用を投じています [148]。

　それだけでなく、支援物資を保管する場所がなくなったため、倉庫を建設しなければいけなくなりました。当時の町長の証言では、倉庫の建設には1億2,000万円もかかったようです [149]。

　また、島内で保管しきれなくなった支援物資を札幌に輸送する費用や札幌に保管した物資を再度奥尻島へ輸送する費用などで、数千万の費用がかかっています。

全国の人々が善意で被災者・被災地を助けようとした結果、被災地に多大な負担を強いてしまったのです。

支援物資の受け取りや管理には、多くの労力・時間・費用がかかる

　あまり知られていませんが、支援物資の受け取りや管理には、多くの労力・時間・費用がかかります。

　被災地における支援物資の受け取り、管理、分配などは、主に被災自治体の職員やボランティアによって行われます。大量に物資が届けば、職員やボランティアは支援物資の対応だけで忙殺されてしまいます。そうなってしまうと、本来できたはずの復旧業務やボランティア活動も行えなくなってしまいます。

　また、一般の人々が送る支援物資は、１つの段ボールに水や食料、衣服などの様々な物資がまとめて梱包されがちです。しかし、これをしてしまうと、現地に着いた後に「中身の確認」や「仕分け」という余計な作業が発生してしまいます。

　しかも、一般の人々が送る物資は、ある程度被災地の状況が落ち着いた後も、絶え間なく送られてくることがあります。物資が潤沢にあることはいいことかもしれませんが、その物資を保管する場所にも限りがありますし、管理する手間も無視できません。

5　被災者・被災地のニーズに沿った支援

支援行動が被災者・被災地の迷惑になってしまう場合がある

　水や食料、毛布などの基本的な備蓄物資は、通常国や市町村によって平時からある程度の量が確保されています。また、場合によっては、慈善団体や周辺の市町村などからも被災地へ支援物資が届けられます。

　ですから、災害発生直後の数日間を除けば、よほどの事情がない限り、被災地で水や食料などの基本的な物資が極度に不足することはまれだといえます。

　大災害直後のマスコミ報道で、「被災地では水や食料が不足している」と

いうニュースを見聞きすることがありますが、これは物資自体が不足しているからではなく、多くの場合、交通インフラや輸送手段などの問題で被災地内の目的地まで支援物資を届けられないためです（例：道路が倒壊して通れなかったり、車両やドライバーが不足したりして避難所まで物資を届けられない）。

つまり、被災地で深刻な物資不足が生じる可能性は、一般に思われているほど高くはないのです。これまで日本で発生した災害においても、「物資不足により被災者が餓死」というニュースは聞いたことがないと思います。

既存の備蓄や他の公的機関からの支援物資に一般の人々による支援物資が加われば、被災地は供給過多に陥ってしまいます。水や食料であればまだ消費できますが、千羽鶴や寄せ書きなどは、なかなか扱いに困ってしまいます。

小学校や中学校の時にクラスメイトが入院したりすると、クラス全員で千羽鶴を折ったり、寄せ書きをつくったりすることがあります。千羽鶴や寄せ書きをもらえれば、入院したクラスメイトは勇気づけられると思います。

しかし、もし全国から千羽鶴や寄せ書きが大量に送られてきて、病室が寄せ書きと千羽鶴で埋め尽くされてしまったとしたら、さすがに迷惑に感じると思います。

支援者側は善意で千羽鶴や寄せ書きを被災地へ送りますが、その善意が相手の迷惑になってしまっては、支援者も報われません。

被災者・被災地支援は、支援者側の自己満足で終わらないようにする

これまでも大きな災害が発生するたびに、全国の人々から被災地あてに多くの支援物資が送られてきました。しかし、その中には、お世辞にも使えるとはいえないものも含まれていたようです（図表84）。

使えない支援物資は被災地で廃棄処分せざるを得ませんが、それにも費用がかかります。被災者や被災地に支援物資を送るということは簡単なことではなく、いろいろと気を付けることがあるのです。

「支援をしてもらっているんだからわがままを言うな！」と思う人がいるかもしれませんが、それは支援者側の勝手な言い分です。支援行動が被支援者の迷惑になるのであれば、最初から支援行動などはしないほうがましです。

支援をすると決めたのであれば、支援者側の自己満足に終わらず、確実に支援される人の助けになることをするべきです。支援者側の人たちは、この点を忘れてはいけません。

【図表84　被災地に送られる困った支援物資の一例】

項目	説明
着古した衣服・下着	自分が着ない物は他の人も着ません。
季節外れの衣服	夏場に厚手のセーターは着られません。
使用済みの毛布	使用に抵抗があります。
生もの・賞味期限の短い食料	届く前に腐ってしまいます。
寄せ書き・千羽鶴	扱いに困ってしまいます。
色々なものが混在した段ボール	現地での仕分けが大変です。

1995年の阪神・淡路大震災や2004年の新潟県中越地震でも、全国から送られてくる大量の支援物資が被災地で問題となりました。

これらの教訓を踏まえ、2011年の東日本大震災や2016年の熊本地震では、多くの市町村があらかじめ支援側の住民に支援物資の送付方法を告知していました。そのため、これらの災害の被災地では、支援物資の問題はそれほど深刻化しなかったようです。

なお、熊本地震の時は、支援物資にかかわる被災地の負担を減らすために、福岡市が自己完結型の支援を行っています。具体的に説明すると、最初に福岡市から福岡市民へ、特定の品目（例えば飲料水やトイレットペーパー）のみを福岡市に送付するよう協力を求めます。その後集まった物資を福岡市で梱包し、それを熊本市内の各避難所まで直接輸送します。

このやり方であれば、被災地で支援物資を仕分けたり、各避難所まで改めて輸送したりする手間が省けます。また、個人が送付する支援物資も、有効に使ってもらうことができます。

一昔前に比べれば支援物資にかかわる問題は少なくなってきていますが、それでも、今後も大きな災害が発生するたびに似たような問題が見られると思います。

6 支援効果の高い支援方法

支援行動として最も効果が高いのは、金銭による支援

　既述のとおり、多くの人は、支援物資の送付のほうがお金による支援よりも効果が高いと考えています [65,77]。しかし、多くの場合、支援行動として最も効果が高いのは、金銭による支援なのです [65]。

　被災地に支援物資を送ろうと思うこと自体は、決して悪いことではありません。しかし、自分が住んでいる市町村や被災自治体から被災地支援について具体的な指示がないかぎり、「やみくもに被災地に物資を送る」という支援方法は避けるべきです。

　また、被災地の要請で支援物資を送ることになっても、段ボールに入れるものは1つの種類だけにして、外箱に「飲料水」などと中に入っているものを明記しておくことも重要です。そうすれば、現地での仕分けや確認の手間が省けます。当然、支援物資として送る物資は、未開封・未使用のもののみにしておきます。

インターネットやSNSを活用した被災者・被災地のニーズに合った支援

　なお、物資支援については、東日本大震災以降、大手オンラインショッピングサイトのアマゾンが、同社の「ほしい物リスト」を活用した避難所支援を行っています。

　どういう仕組みかというと、最初に避難所単位でアマゾンのほしい物リストを作成し、その避難所で必要なものの一覧をアマゾンのサイト内に掲示します。一般の人がそのほしい物リストを見て、避難所の代わりに商品を購入します。この仕組みであれば、被災地のニーズに外れた物資を送ることは避けられます。

　また、近年では、ツイッターやフェイスブックなどのSNS経由で被災者が被災地で必要なものを公開し、特定の支援物資の送付を被災地外の人たちにお願いすることも可能となりました。

　この方法でも被災地のニーズを満たすことはできますが、1つだけ問題が

あります。ＳＮＳ上での投稿内容は当初の投稿を削除してもネット上に残ってしまうことがあるため、ニーズが満たされた後も延々と物資が届けられ続けてしまうことがあります。

　例えば、被災直後にある被災者が「〇〇避難所では粉ミルクが不足している」という内容をＳＮＳ上に投稿したとします。そうすると、全国の善意ある人たちから、粉ミルクが届くようになります。

　しかし、その情報はＳＮＳ上に残ってしまう場合があるため、十分な量の粉ミルクが確保できた後でも、延々と粉ミルクだけが届いてしまうことがあるのです。ＳＮＳ経由で物資支援を要請または実施するときは、この点に注意してください。

被災地でボランティア活動をするときにも気を付けるべき点がいくつかある

　被災地でのボランティア活動についても、少しだけ触れておきます。既述のとおり、大きな災害が発生すると、多くの人は被災者や被災地を助けたいと思います。しかし、その勢いだけで被災地に入っても、被災地に迷惑をかけてしまうだけです。

　例えば、ボランティア目的の人たちが被災地に大勢向かえば、現地で交通渋滞が発生してしまうかもしれません。それだけでなく、ボランティア目的の人たちが被災地で衣住食の確保をすることで、被災者用の物資や宿泊場所が減ってしまう可能性があります。

　数年前に話題になったスーパーボランティアの方のように、被災地や被災者に迷惑をかけないよう、自分の食料や寝場所をすべて自分自身で確保し、支援道具もすべて自前で用意するというのが理想です。

　そこまでいかないにしても、被災地でボランティア活動を希望する場合は、地元の社会福祉協議会や正規のボランティア団体などの要件に応じて被災地入りする必要があります（例：ボランティア活動保険に入る、指定された場所で指定された活動を行う）。また、現地で体調を崩さないように、体調管理にも十分に注意を払う必要があります。

　「被災者を助けたい」と思って取った行動が、逆に被災者や被災地の迷惑になってしまっては、せっかくの善意が無駄になってしまいます。

7 金銭による支援への不安と不信感

多くの人は、寄付などのお金による支援に抵抗を感じてしまう

　仲のよい友達が悩んでいたら、多くの人は喜んで相談に乗ると思います。赤の他人に最寄りの駅までの経路を聞かれた場合でも、ほとんどの人は抵抗なく駅までの道のりを教えると思います。このように、人間は基本的に困っている人を助けようとします。

　しかしながら、駅前で見慣れない団体から恵まれない子どもへの募金をお願いされたとしたら、喜んで募金をするでしょうか？　もしくは、友人の一人に「必ず返すからお金を少し貸してほしい」とお願いされたら、躊躇なくお金を貸すことができるでしょうか？　そう、人間は困っている人を助けたいと思っていますが、お金がかかわってくると別の話になってしまうのです。

　寄付などのお金による支援に抵抗を感じるのは、なぜなのでしょうか？

　1つの要因としては、自分のお金が本当に支援目的に使われるかどうかわからないからです。

　日本ＮＰＯ学会が東日本大震災後に実施したアンケート調査では、この震災で寄付をしなかった人にその理由を尋ねています（図表85）。

　最も割合の高かった理由は「金銭的に余裕がなかったから　38.3％」で、次いで「寄付が寄付先に確実に届くか不安だったから　22.3％」、「寄付が何に使われているか不安だったから　20.9％」となっています。これらの理由を見てみると、寄付金の使用用途に関する不安や不信感（図表85のNo.2～4）が上位にきていることがわかります。

　このアンケートは寄付をしなかった人たちを対象にしていますが、寄付金の使用用途について懐疑的なのは、寄付をしなかった人たちだけではありません。先行研究では、むしろ寄付をした人のほうが、していない人に比べ、寄付金の使用用途の開示を強く求める傾向が確認されています[145]。

　また、この傾向は、日本人だけに限りません。カナダでは、寄付文化が非常に深く根づいています。そのカナダ人を対象にした寄付に関するアンケート調査の結果によると、「慈善団体は寄付金の使用用途を開示すべき」と考

えている回答者は 92％にも上ります（回答数は 3,853 人 [151]）。

　つまり、寄付するしないにかかわらず、寄付金の使用用途に関する不安や不信感はとても大きいのです。

【図表 85　東日本大震災後に寄付をしなかった理由（複数回答）】

No.	理由	割合
1	金銭的に余裕がなかったから	38.3%
2	寄付が寄付先に確実に届くか不安だったから	22.3%
3	寄付が何に使われるか不安だったから	20.9%
4	寄付はなんとなくうさんくさいと思ったから	10.1%
5	寄付をするきっかけがなかったから	9.7%
6	震災後の復旧・復興の支援は行政がすべきだから	4.7%
7	すでに多額の寄付がされていると聞いたから	3.3%
8	自分以外の誰かがすると思ったから	3.0%
9	寄付の方法がわからなかったから	2.3%
10	その他	4.2%
11	自分自身または家族や親せきが被災していたから	7.6%
12	特に理由はない	29.8%

注：回答数は 1,772

引用：[150] 日本 NPO 学会（2013）をもとに作成

支援金は、義援金よりも使用用途がわかりにくい

　先に説明した「お金による支援よりも物資による支援を優先してしまう傾向」には、この寄付金の使用用途に関する不安や不信感が多分にかかわっているといえます。

　そうはいっても、大きな災害や事故が発生すると、人々は多くのお金を寄付します。東日本大震災の時は、震災から約 1 年の間に 4,400 億円以上の寄付金が集まりました。

　ここで興味深いのは、「義援金」と「支援金」の割合です。図表 86 を見てみると、義援金のほうが支援金よりもはるかに大きな額が集まっていることがわかります。義援金と支援金の違いを把握していれば、この差は十分に理解することができます。

　簡単に説明すると、義援金は寄付した金額が被災者に全額届けられる寄付

方法で、支援金は慈善団体の活動資金に使われる寄付方法です。義援金は使用用途が明らかですが、支援金の使用用途は慈善団体の裁量に任せられます。

　つまり、慈善団体への支援金は、被災者・被災地への義援金よりも、使用用途が不明瞭なのです。この実情が、図表86の割合に表れているといえます。

【図表86　東日本大震災後の義援金と支援金の割合（2012年2月12日時点）】

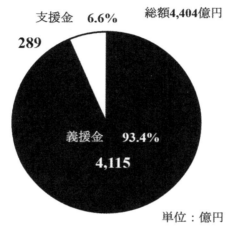

支援金　6.6%　　総額4,404億円
289
義援金　93.4%
4,115
単位：億円

8　義援金と支援金の特徴

支援金は、被災地のニーズに応じて慈善団体によってすぐに活用される

　「支援金は使用用途が不明瞭だから、寄付するなら義援金しか考えられない」と思う人がいるかもしれません。でも、支援金は義援金に比べて、本当に支援効果が劣っているのでしょうか？　この点を探るために、義援金と支援金の違いをもう少し詳しく見ていきたいと思います。

　日本財団［153］によると、義援金は被災者に直接分配されるもので、ボランティア団体の支援活動や被災市町村などが行う復興事業には使われません。また、義援金は被災した都道府県が設置した義援金配分委員会によって、寄付金の100%が公平かつ平等に被災者へ配布されます。

しかし、義援金は被災者数などの正確な情報を把握した後に均等に分配されるため、被災者への配布はどうしても遅くなってしまいます（東日本大震災のときは最初の分配に半年以上かかったようです）。

一方、支援金はＮＰＯやボランティア団体などの慈善団体に寄付されるお金で、寄付されたお金は、これらの団体の判断により被災者支援やインフラ整備などの支援活動に速やかに役立てられます。そのため、支援金の使い道は、慈善団体に一任することになります。

配布まで時間のかかる義援金と異なり、支援金は被災地からのニーズに応じて、各慈善団体によってすぐに活用されます。図表87に、義援金と支援金の違いをまとめてみました。

【図表87　義援金と支援金の違い】

種別	被災地での救命・復旧活動	公平な分配	被災地に届くまで
義援金	使われない	被災者に公平に分配	時間が掛かる
支援金	使われる	支援団体が使い道を決定	すぐに届く

引用：［153］日本財団（2020）をもとに作成

義援金は、被災者の数が多ければ多いほど金額が安くなってしまう

「支援金は義援金よりもすぐに使われるかもしれないが、それでも現金（義援金）のほうが支援活動（支援金）よりも支援効果が高いのではないか」と思う人がいるかもしれません。確かに、現金はいくらあっても困りません。

しかし、被害規模が大きくなると、義援金による１世帯あたりの分配額は大幅に減少してしまいます。

図表88に、過去の災害における１世帯あたりの義援金分配額が示されています。図表88を見ると、義援金の総額は東日本大震災と阪神・淡路大震災で高くなっていますが、１世帯あたりの義援金分配額を見ると、この２つの災害が最も低い金額となります。

さらに東日本大震災だけは、全半壊数が棟（建物）単位で記載されています（全半壊の世帯数資料がどうしても見つかりませんでした）。１棟の建物に複数の世帯が住んでいる場合もありますから、東日本大震災の全半壊世帯

数は棟数よりも多いはずです。

　それを踏まえると、東日本大震災被災者の1世帯あたりの義援金分配額は、阪神・淡路大震災とそれほどかわらない程度か、もしくはそれよりも低い金額になっている可能性があります。

【図表88　義援金の1世帯あたりの分配額】

災害名	発生日	全半壊数	義援金総額	1世帯あたり
雲仙・普賢岳噴火災害	1990年11月	727棟（世帯）	約234億円	約3,219万円
北海道南西沖地震	1993年7月	1,032世帯	約260億円	約2,519万円
阪神・淡路大震災	1995年1月	448,929世帯	約1,793億円	約40万円
新潟中越地震	2004年10月	17,277世帯	約372億円	約216万円
能登半島地震	2007年3月	1,983世帯	約32億円	約161万円
東日本大震災*	2011年3月	404,934棟	約4,115億円	約102万円

引用：［154］神戸新聞NEXT（2020）をもとに作成

*東日本大震災の義援金分配額は、［155］総務省消防庁（2019）と［152］日本経済新聞社（2012）をもとに算出

9　支援金に対する抵抗感

義援金が支援金よりもあらゆる面で効果的だとは必ずしも言えない

　被災者にとって、義援金として現金を受け取ることは決してマイナスにはなりません。

　しかし、例え義援金として数百万円を受け取れたとしても、被災規模が大きければ、損失を完全に補填することは困難となります（例：家族を失った、自宅が全壊した）。しかも、これまでの事例を踏まえると、義援金を受け取れるのは早くても被災後数か月経ってからです。

　震災直後に慈善団体が行う支援活動（例：炊き出し、がれき撤去）と被災半年後に被災者が受け取る義援金の価値を比較することは、義援金の金額にかかわらず、あまり意味がありません。しかし、上述の内容を踏まえると、義援金のほうがあらゆる面で効果的だとは必ずしも言えないはずです。

　支援金に対する抵抗感については、寄付金の使用用途に対する不安や不信感だけでなく、支援活動以外に使われる寄付金額の割合もかかわっていそう

です。慈善団体は、集めた寄付金の何割かを支援活動以外の目的に使うことがあります。

　図表89に、1,000円を慈善団体に寄付した場合の寄付金の内訳例を示します。ここでは、支援活動（本来の目的）以外に寄付金額の2割を当てるとします（あくまで例です）。支援活動以外の経費としては、被災地までの交通費や人件費などが挙げられます。

　仮に「全額被災者のために使われないなら慈善団体へは寄付しない！」という人がいたとしたら、1,000円の寄付金は0円になってしまいます。そうなった場合、誰が一番不利益をこうむってしまうのでしょうか？

　それは慈善団体ではなく、被災者や被災地です。1,000円の寄付によって被災者や被災地は慈善団体から800円分の支援を受けられるはずでしたが、1,000円の寄付がなければ800円分の支援は0円になってしまいます。

【図表89　1,000円を慈善団体へ寄付した場合の寄付金内訳例】

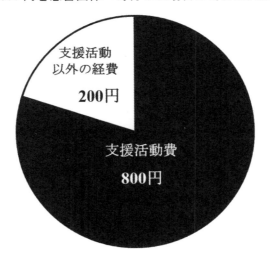

　人が動けばお金がかかるのは当然のことです。「慈善団体なら手弁当で支援活動をするべきだ」と考えている人は少なくありません。しかし、そんなことを言ってしまえば、慈善活動をする人や団体はいなくなってしまいます。

慈善活動をする団体がいなくなって困ってしまうのは、被災者や被災地です。慈善団体による被災地での支援活動は、災害支援のノウハウを熟知した人たちが被災地に行けない支援希望者を代表して行っています。

　寄付金がいい加減に使われないためにも、寄付者が寄付金の使用用途に厳しい目を向けることはいいことだと思います。

　他方、支援金は義援金とは異なる支援効果があることを知っていれば、多少の寄付金が支援活動以外に使われたとしても、それほど抵抗感は抱かないと思います（信頼できる慈善団体に限ってですが）。

　もちろん、慈善団体側も、寄付金の使用用途を明確に報告したり、活動報告書をよりわかりやすく公表したりして、寄付者との信頼関係を高めていく必要があります。

10　寄付行動に影響を与える主な要因

経済的に余裕のある人が寄付をしやすいわけではない

　せっかくなので、寄付行動に影響を与える要因についても少し触れておきます。どういった人が、より寄付をしやすいのでしょうか？　寄付行動に影響を与える要因には、内部要因と外部要因があると考えられています。

　主な内部要因としては、図表90の要因が挙げられます。これらの内部要因が高い人ほど、寄付行動をしやすいと考えられています。図表90にある要因を見てみると、「お金を持っている人ほど寄付をしやすい」というわけではなさそうです。

　なお、図表90の最下段にある「『寄付の必要性、効果、寄付された金額』に対する認知」ですが、寄付の効果が高いにもかかわらず十分な寄付額が集まっていない状況においてのみ、人は「この寄付は必要だから自分が寄付をしなければ」と思うようです [161]。

　具体的に説明します。新型コロナウイルス感染症の感染拡大が顕著となった2020年の春以降、医療従事者は常に感染の危険にさらされながらも、言われのない差別や賃金の減額などの厳しい現実に直面しました。

　そういった状況を踏まえて様々な組織や団体が医療従事者のための寄付活

動を始めましたが、一般の人々が「医療従事者には経済的な支援が必要だが、国や市町村の支援だけでは十分ではない」と思えば、寄付はより集まりやすくなるはずです。

【図表90　寄付行動に影響を与える内部要因】

内部要因	説明
過去の寄付経験[*1,*2]	過去に寄付をしたかどうか
自己効力感[*1]	「ある状況において求められている行動を自分が上手く遂行できる」と思える程度（【心理学コラム11】参照）
主観的幸福感[*4]	自分の今の生活や人生に対する満足度
人道危機によって高められる感情の認知[*3]	災害によって悲痛な感情が高められたと自分自身で認識する程度
道徳的な義務感[*1]	道徳的な問題に対して抱く義務感
被支援者個人へ抱く明確な責任感[*5]	寄付の対象となる個人に対して抱く責任感
「寄付の必要性、効果、寄付された金額」に対する認知[*6]	寄付者が「寄付が必要だ」、「この寄付は効果が高い」、「この災害には十分な寄付が集まっていない」と思う程度

引用：[*1] [156] **Cheung & Chan, 2000;** [*2] [157] **Oosterhof et al., 2009;** [*3] [158] **Huber et al., 2011;** [*4] [159] **Aaker & Akutsu, 2009;** [*5] [160] **Cryder & Loewenstein, 2012;** [*6] [161] **Zagefka et al., 2012**

【心理学コラム11　自己効力感（self-efficacy）】

> 　自己効力感とは、「ある状況において求められている行動を自分が上手く遂行できる」と思える程度を指しています。カナダの有名な心理学者であるアルバート・バンデューラが提唱した概念です。自己効力感の高い人ほど、目標を達成しやすくなると考えられています。禁煙を例にすると、自己効力感の高い人は「自分ならきっぱりとたばこを止めることができる」と考えるため、実際に禁煙を成功させやすくなります。逆に、自己効力感の低い人は「自分にはたばこは止められない」と考えがちなため、禁煙を成功させにくくなります。

災害報道の量が増えると、災害への寄付金額は多くなる

　一方、外部要因としては、図表91の要因が挙げられています。人為災害よりも自然災害のほうが、そして災害による死亡者数が大きいほど、より寄付金が集まりやすいようです。

　また、寄付の対象者が個人として特定されているほど、人々の寄付行動は強まる傾向があるようです。この傾向は、寄付対象者が個人のときのほうが、

複数人の時よりも強まるようです [164]。

　この点を踏まえると、「○○ちゃんを救う会」などの難病を患ってしまった幼児への寄付は、発展途上国の子どもを救う募金よりも比較的寄付金が集まりやすいのかもしれません。

　図表 91 の最下段にあるマスコミの報道時間も、寄付金額に大きな影響を与えます。テレビや新聞が特定の災害について報道すればするほど、その災害への寄付金額は多くなります [166]。

【図表 91　寄付行動に影響を与える外部要因】

外部要因	説明
災害の種類[*1]	自然災害（例：風水害）または人為災害（例：事故）かどうか
死亡者数[*2]	災害によって生じた死亡者数
寄付対象者の身元情報[*3]	寄付対象者が一人の人間として特定されているかどうか
マスメディアの報道時間[*4]	対象となる災害が報道される時間

引用：[*1] [162] **Zagefka et al.**, 2011; [*2] [163] **Evangelidis & Van den Bergh**, 2013; [*3] [164] **Kogut & Ritov**, 2007; [165] **Small & Loewenstein**, 2003; [*4] [166] **Brown & Minty**, 2008; [167] **Eisensee & Strömberg**, 2007

支援行動において最も重要な点は、困っている人の助けになるか否か

　支援行動にかかわる余談として、数年前に流行った「アイスバケツチャレンジ」を取り上げます。2014 年に、氷水の入ったバケツをかぶるというなんとも不思議な行動がSNS上で話題となりました。

　この行動はALS（筋肉が徐々に痩せていく難病）の研究を支援するためのキャンペーンであり、当時は著名な俳優やミュージシャンたちが次々と氷水をかぶっていました。

　日本でも同様のキャンペーンがSNS上で流行ったのですが、しばらくすると「有名人による単なる売名行為だ」などといった批判がされるようになりました。日本ALS協会によると、2014 年のアイスバケツチャレンジが始まる前の 20 年間に集まった寄付金額は、約 7,688 万円となります。

　一方、2014 年のアイスバケツチャレンジで集まった寄付金額は、約 3,793 万円になるそうです。

　このキャンペーンによって、わずか 1 年間でそれまでの約 10 年分の寄付

金を集めることに成功したのです。

　アイスバケツチャレンジが盛り上がらない（寄付金が集まらない）ことで一番不利益を被ってしまうのは、ＡＬＳ患者とその家族になります。

　有名人が多額の寄付をしたり、被災地でボランティア活動をしたりすると、必ず「売名行為だ」という指摘を受けてしまいます。売名行為でもなんでも、有名人による寄付やボランティア活動によって実際に助かる人がいるのであれば、特に大きな問題は生じないはずです。

　人間の行動動機の大部分は自己利益的であり、完全な利他行為（人のためにする行動）というのは非常にまれだと考えられています [168]（【心理学コラム 12】参照）。

　そういった意味では、売名でもなんでも、困っている人の助けになるか否かが、支援行動においては最も重視されるべき点なのです。

【心理学コラム 12　自己利益的な動機と他者利益的な動機】

　意外に聞こえるかもしれませんが、心理学では昔から「人間の行動動機は自己利益的である」と考えられています。つまり、人間がある行動を起こすのは、基本的には行為者が何らかの利益を得る（または不利益を減らす）ためだからです。この「利益」はお金や物などの物質的なものだけでなく、自分や他者の感情なども含まれます（例：気分がスカッとする、相手の喜ぶ顔を見て嬉しくなる）。また、利益は短時間で直接得られるものだけでなく（例：お手伝いをしてお小遣いをもらう）、長い時間経過したのちに間接的に得られるものも含まれます（例：長年ボランティアを続けた結果、地域の人から慕われるようになる）。しかしながら、自己利益的な動機で人間の行動がすべて説明できるわけではなく、人間が起こす行動の中には一見すると極めて利他的なものもあります（例：電車が迫ってくる中で線路に落ちた人を助ける）。「行動の動機が自己利益的」と言うととても打算的に聞こえてよい印象を持ちませんが、自己利益は人間にとって極めて重要な行動の動機となっているのです。

寄付などの支援行動は、自分のためでもある

　災害支援募金などの寄付をはじめ、支援行動の目的は、純粋に困っている人を助けたいからなのでしょうか？

　1960 年後期以降、社会心理学者は支援行動の研究に取り組みだし、支援行動の動機をいくつか特定しています。ここでは、その中の２つを簡潔に

説明します [168]。

　災害支援を例に挙げれば、多くの人々が被災者を助けたいと思う動機の1つは、「困っている人を助けることによって喜びを共感したいから」です。もう1つは、「困っている人を見ることによって感じる苦痛を軽減したいから」です。

　確かに、自分の支援によって困っている人が助かれば、自分もうれしくなります。また、被災者が窮地から脱することができれば、ほっと安心するはずです。

　どちらの動機も、感情面での自分への損益にかかわっています。もちろん、これらは支援行動の動機のほんの一例であり、中には純粋に「被災者を助けたい」という動機によって支援行動をしている人がいるかもしれません。

　ただ、先ほど説明したとおり、自己利益は人間の大きな動機になっています。支援行動が利己的であろうがなかろうが、困っている人の助けになるのであれば、支援者の動機はそれほど問題ではないといえます。

支援する機会が増えれば支援行動も増える

　大きな災害が発生すると、寄付やボランティアなど、支援活動が目立つようになります。人によっては、「苦難を前にすると人間の道徳性や向社会性（人のために行動を起こす傾向）が高まり、お互い協力しあうようになる」と考えるかもしれません。

　既述のとおり、支援行動にはいくつかの動機があります。そして、その多くは自己利益的なものとなっています。

　そのため、災害が発生した後に支援行動が多く見られるのは、道徳性や向社会性が高まるというよりも、単純に支援する機会（困っている人）が増え、自己利益を得られる機会が多くなるからかもしれません。

　このような言い方をすると、「人間はそんなに打算的ではない！」と思う人がいると思います。ただ、言い方を変えれば、人間の道徳性や向社会性は、災害発生前後でもそれほど変わらないのかもしれません。

　動機はさておき、人間は、普段から困っている人がいれば助けたいと思います。そういった意味では、支援行動の動機は不変なのかもしれません。

第6章
災害神話

1　災害神話とは

災害神話とは、災害発生後の行動傾向に関する誤った・大げさなイメージ

　第3章から第5章では、災害発生後のパニックや略奪といった「災害発生後に発生すると思われている行動」を扱いました。これらの行動の実態は、一般的なイメージとかなり異なっていたと思います。

　災害研究では、第3章から第5章で紹介したパニックや略奪などの行動を「災害神話（disaster myths）」と呼ぶことがあります [37,65]。

　神話というと作り話のような印象を受けますが、災害神話は完全な作り話というよりは、「災害発生後の行動傾向に関する誤ったイメージや大げさなイメージ」を指しています。

　この災害神話ですが、実は1950年代からその存在が確認されています [54]。少なくとも半世紀以上前から、多くの人々は「災害発生時にはパニックが起こる」や「災害発生直後は略奪が頻発する」と思っているのです。

　興味深いことに、災害神話は北米だけでなく [65,169]、欧州 [71,76,170,171] や日本 [53,77,105,145,172,173] などでも確認されています。また、災害神話を信じている人は、一般の人々だけではありません [76,171,174]。

　図表92に、一般の人々と市町村の防災・危機管理職員を対象にした災害神話に関する調査の結果を示します。

　対象となる災害神話は第3章から第5章で説明した5つで（パニック、略奪、犯罪、心理的ショック、支援物資）、黒い棒グラフが一般の人々、白い棒グラフが市町村の防災・危機管理職員になります。

　結果を見ると、犯罪以外については、一般の人々のほうが市町村の防災・危機管理職員よりも災害神話を信じている程度が高くなっています。とはいえ、防災・危機管理職員の間でも、「心理的ショック　3.68」や「パニック　3.61」はある程度浸透しているようです。

　防災・危機管理職員にとっては、これらの災害神話は「災害発生後の行動傾向に関する誤ったイメージ」というよりも、「万が一にも起こるかもしれない」という懸念に近いのかもしれません。

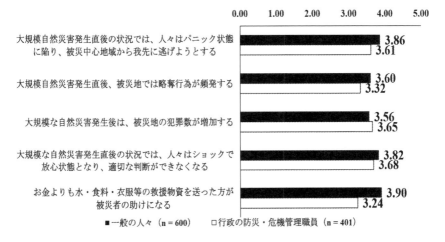

【図表 92　災害行動にかかわる認識（災害神話を信じている程度）】

大規模自然災害発生直後の状況では、人々はパニック状態に陥り、被災中心地域から我先に逃げようとする
3.86
3.61

大規模自然災害発生直後、被災地では略奪行為が頻発する
3.60
3.32

大規模な自然災害発生後は、被災地の犯罪数が増加する
3.56
3.65

大規模な自然災害発生直後の状況では、人々はショックで放心状態となり、適切な判断ができなくなる
3.82
3.68

お金よりも水・食料・衣服等の救援物資を送った方が被災者の助けになる
3.90
3.24

■一般の人々（n＝600）　□行政の防災・危機管理職員（n＝401）

　もし防災・危機管理の実務家が災害神話を信じていれば、当然その内容が災害対策・対応にも反映されます。例えば、災害に関する啓発冊子や対策マニュアルなどにも、「災害発生時はパニックに注意」というような文言を見つけることができます [64,170]。

　これらのパニックがどういう意味かはわかりませんが、第3章で説明したとおり、注意すべき（被災状況に影響を与え得る）パニックは災害研究者が用いるパニックです（身勝手かつ非合理的な逃避行動）。

　しかし、すでに説明したとおり、この種のパニックは過去の災害事例でもほとんど確認されていません。そういった意味では、これらの資料にある「パニックに注意」という文言は、具体的になにに気を付けたらよいのかはっきりしません。

2　災害神話が人や社会に与え得る影響

災害神話は、災害対策・対応に悪影響を与える可能性がある

　災害神話は、一般の人々や防災・危機管理の実務家だけでなく、政治家や報道関係者にも広く浸透しています [71,72,73,170,175,176]。

災害神話自体は、災害発生後の行動傾向に関する誤ったイメージや大げさなイメージを意味しています。イメージですから、一見、人や社会には大きな実害はないように思えます。

　しかし、第2章の最後に、人間の思い込みが実際の行動に大きな影響を与え得ると説明しました。そのため、災害神話を過信することにより、災害発生時に思いもよらない事態を招いてしまうかもしれません。

　特に、政治家や防災・危機管理の実務家、報道関係者がこれらの誤ったイメージを強く抱いていると、災害対策・対応において不適切な判断や行動を引き起こしてしまう可能性が考えられます。

　そうなると、災害発生後の被災状況はさらに悪化してしまうかもしれません。以下においては、「パニック神話」と「略奪・犯罪神話」が人や社会に与え得る影響を見ていきたいと思います。

福島第一原発事故の発生直後、日本政府はパニックの発生を懸念していた

　最初に、パニック神話の影響を考えてみます。例えば、自然災害や人為災害の発生直後にパニックの発生を懸念し、公的機関や責任主体が災害発生の事実や避難情報などの速やかな公表を控えてしまったら、逃げ遅れなどによって被災状況が悪化してしまうかもしれません。

　実例を挙げます。2011年3月に福島第一原子力発電所で水素爆発が発生した後、当時の日本政府は、パニックの発生を懸念して放射性物質拡散予測試算結果の公表を控える判断を下しています [177]。

　言い換えると、当時の日本政府は、「拡散予測結果の公表により一般の人々がパニックになり社会が混乱する」ことのほうが、「放射性物質が地域住民に与え得る健康被害」よりも影響が大きいと判断したのです。

　最終的にすべての予測試算結果が公表されたのは、原発事故から約2か月経った2011年5月でした。約2か月もの間、原発事故周辺の地域住民は、放射能の危険にさらされていた可能性があったのです。

　幸いこの拡散予測試算結果はあまり正しくなかったため、今のところ地域住民への深刻な健康被害はおおやけには確認されていません。

　しかし、仮に試算結果がある程の正確性を有していたら、拡散範囲内の地

域住民は大きな健康被害に見舞われていたことになります。

　公的機関は地域住民の安心・安全を守る責務を担っていますが、それらの組織・構成員が抱くパニックに関する誤ったイメージによって、地域住民の安心・安全が著しく損なわれた可能性があったのです。

　このような誤った災害対応は、海難事故や建物火災などでも時おりみられることがあります（例：パニックの発生を懸念して客船座礁の事実を乗客に速やかに知らせない：図表93）。

【図表93　海難事故（客船の座礁）におけるパニック神話の影響】

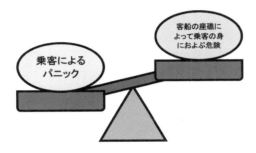

「エリート・パニック」は、被災状況をさらに悪化させ得る

　公的機関やマスメディアなどの一般の人々や社会に大きな影響力を持つ組織や個人（ここではこれらの組織・個人を「エリート」と表現します）が災害神話により不適切な災害対策・対応をとってしまい、結果として被災状況をより悪化させてしまうことがあります。

　「エリート・パニック」と呼ばれるこの事象は、発災後の被災状況を悪化させる一因として、多くの災害研究者から問題視されています [72,73,175]。

　第2章で、災害などの予期せぬ出来事に遭遇した直後、人々は情報収集をする傾向があると説明しました。そのような状況において重要な情報（例：避難情報）の公表を差し控えたり、誤った情報（例：「船体には特に異常は発生していない」）を伝達したりすれば、人々をより混乱させるだけです。

　第3章で説明したとおり、パニックはあいまいな言葉であり、災害の種類や個人の見解によりその意味は様々です。日常生活においてこの言葉を使用

する分にはまだ問題はありませんが、災害対策・対応においてこのようなあいまいな言葉を漠然と用いると、不適切な判断や行動を招く原因となります。

　防災・危機管理の観点から言えば、過去にほとんど発生したことのない事象（例：避難情報の開示によるパニックの発生および被災状況の悪化）を懸念しすぎ、被災状況を悪化させ得るより現実的な事象（例：避難情報の開示遅れによる乗客の逃げ遅れ）を引き起こすことは、避けなければいけません。

被災後、被災者が空き巣を恐れて避難を躊躇してしまう場合もある

　略奪・犯罪神話についても、いくつかの好ましくない影響が考えられます。例えば、略奪神話や犯罪神話を過信する人は、災害発生後の犯罪行為に対する恐怖や不安を過度に抱くことになるかもしれません。

　ただでさえ被災して大変な状況にもかかわらず、さらに略奪などの犯罪について恐怖や不安を募らせるとしたら、精神衛生上よくありません。

　実際、犯罪不安は、心理的・身体的な健康へ悪影響を与えると考えられています [178~182]。また、空き巣を恐れて避難を躊躇するという事例も、実際に確認されています [183]。

　もちろん被災地でも空き巣などの犯罪は起こり得ます。しかし、家財を守るために自分の身を危険にさらしては、本末転倒です（図表94）。

　そういった意味でも、災害発生後の略奪や犯罪を過度に心配することは、あまりよいことだとはいえません。

【図表 94　避難における略奪神話の影響】

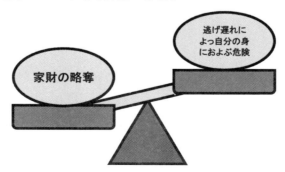

略奪・犯罪神話は、マスメディアの報道方法や公的機関による災害対策・対応にも影響を与えます。例えば、2005年8月にハリケーン・カトリーナがニューオリンズ市に上陸した後、現地のマスメディアはこぞって「ニューオリンズ市内で犯罪行為が多発している」と大げさに報道していました。

　これらの報道はのちに過度に誇張されていたことが判明していますが[73,94]、これらの報道を鵜呑みにした当時のルイジアナ州知事は、災害対応において誤った判断を下してしまいます。

　通常、国や市町村などの公的機関は、災害が発生すると被災者救助を最優先事項に掲げます。しかし、このときルイジアナ州知事は、被災者救助ではなく、市内の治安維持を優先してしまうのです[73,184]。

　特に災害発生直後は早めに被災者を救助しないと、命にかかわる事態を招いてしまう可能性があります。そういった点を考慮すると、当時のルイジアナ州知事はかなり略奪神話を過信していた、またはマスメディアの誇張された報道を鵜呑みにしていたと推測できます。

　パニックや略奪・犯罪にかかわる災害神話だけでなく、心理的ショックや災害支援にかかわる災害神話も、人や社会によくない影響を与える可能性があります（物資支援の悪影響については第5章参照）。何度も繰り返しますが、災害発生後にパニックや略奪などが絶対に発生しないわけではありません。

　また、災害発生後に心理的なショックで茫然自失になってしまう人もいるかもしれないですし、個人による物資支援が被災者の助けになる場合も当然あります。しかし、それらの発生する可能性や影響を過大評価することによって、災害発生後の被災状況をさらに悪化させてしまう可能性があるのです。

　そういった意味では、特に防災・危機管理の実務家や報道関係者、政治家といった人たちは、一般の人々よりも災害発生後の行動傾向についてよく理解しておく必要があります。

3　災害神話の出どころ

災害神話とマスメディアの報道は、明確な因果関係があるわけではない

　既述のとおり、災害神話は災害発生後の行動傾向に関する単なる誤ったイ

メージや大げさなイメージにとどまらず、一般の人々の行動や公的機関などによる災害対策・対応にも影響を与える可能性があります。

では、なぜそのような好ましくないイメージが、半世紀以上も前から様々な国・地域で広まってしまったのでしょうか？

災害神話の出どころについては、昔から大げさなマスメディアの報道がその一因として指摘されています [65,73,94,185~190]。しかし、マスメディアの報道と災害神話の因果関係については、災害研究者の間でも意見が分かれています。

確かにマスメディアの報道には災害神話を助長するような内容がありますが [190]、その量自体はそれほど多くないという指摘もあります [191]。また、災害神話の出どころに関する研究においても、マスメディアの報道と災害神話に明確な関係は確認されていません [77,105]。

災害に関する大げさな報道は、確かに人々が抱くイメージに影響を与えそうです。しかし、先行研究の結果を踏まえると、災害神話がこれほどまでに広まっている原因は、マスメディアの大げさな報道のみの影響ではなさそうです。

少し本題からはそれますが、災害報道におけるマスメディアの大げさな演出は、これまでもなにかと非難の的になってきました。とはいえ、マスメディアは災害に関する誤ったイメージばかりを広めているわけではありません。マスメディアによる災害報道がなければ、多くの人たちは、遠い地域や国で発生した災害について知ることができません。

災害報道のおかげで、一般の人々は自分が体験していない災害に対しても、意識を高めることができるのです。

また、第5章で説明したとおり、マスメディアの報道時間が多ければ多いほど、被災者への寄付金はより集まりやすくなります [166,167]。

確かに、マスメディアは時おり災害に関して誤解を招く報道をすることがありますが、これは災害報道以外でも同じです。マスメディアの多くは民間企業ですから、可能な限り注目を集めたい（大げさな報道をする）というのは、ある意味仕方のないことかもしれません。

これらの点を踏まえると、災害神話を払しょくする1つの方法は、災害報

道を見る側、つまり一般の人々が、災害や災害発生後の行動傾向に関する適切な知識を身につけるということです。本書を読むということが、その第一歩になると思います。

現時点では、災害神話の出どころははっきりしていない

マスメディアの大げさな報道と同様に、映画やアニメなどの大衆文化における大げさな演出も、災害神話の出どころとして指摘されています [188,189]。

確かに、映画やアニメにおける災害描写の多くは、大げさに泣き叫んだり、あえて危険な行動をとる人間の姿が含まれています（例：災害発生後の急を要する状況にもかかわらずずっと泣き叫んでいたり、高層階の窓から身を投げ出したりする人々）。

ただし、映画やアニメなどの大衆文化が災害神話と明確に関連しているかというと、この関係もはっきりとはわかっていません [105,172]。

つまり現時点では、災害神話がどこから生じ、どのようにして広まっているのかよくわかっていないのです [173,192]。

災害神話はインターネットやＳＮＳもない時代からその存在が確認されていますが、今後はこれらの新しい情報通信技術が災害神話に与える影響も気になるところです。

4 災害神話に関連する心理学の概念

人間には、よい情報よりも悪い情報に注目してしまう傾向がある

マスメディアや大衆文化以外に、災害神話の源泉となる要因はあるのでしょうか？

ここでは、筆者の独断と偏見にもとづき、災害神話の出どころに関係がありそうな心理学の概念をいくつか紹介したいと思います。

最初に、「ネガティビティ・バイアス」を紹介します（【心理学コラム 13】参照）。人間には、物事のよい（ポジティブな）側面よりも悪い（ネガティブな）側面により注目してしまう傾向があります。

このバイアスはニュースの好みにおいても確認されており、人間にはよい
ニュースよりも悪いニュースにより注意を払う傾向があることが確認されて
います [193]。

　災害に関するよいニュースよりも悪いニュースのほうが注目されやすいの
であれば、「パニック」や「犯罪」といった言葉を用いる災害報道やうわさ
話が過度に広まってしまうのも、仕方のないことなのかもしれません。

【心理学コラム 13　ネガティビティ・バイアス（negativity bias)】

　「良い情報」と「悪い情報」が同じ情報価値を持っている場合、人間は悪い情報により
注意を払う傾向を持っています。例えば、A さんについて「子供にやさしい」という情報
と「高齢者に厳しい」という情報があったとしたら（どちらも同じ情報価値だとします）、
多くの人は良い面（子供にやさしい）よりも悪い面（高齢者に厳しい）により注目してし
まうのです。そのため A さんは、「子供にやさしい」という良い印象よりも、「高齢者に厳
しい」という悪い印象を他人に抱かれやすくなってしまいます。

人間は、頭に浮かべやすい情報にもとづいて判断や評価を行ってしまう

　続いては、「利用可能性ヒューリスティック」を説明します（【心理学コラ
ム 14】参照）。

　人間は物事の判断や評価をするとき、客観的な事実にもとづいた情報では
なく、頭に思い浮かべやすい情報にもとづいて判断や評価を行う傾向があり
ます。

　「大地震発生時に逃げまどう被災者」の姿を以前ニュースで見た人は、そ
の強烈なイメージにもとづいて、「災害が発生したら被災者は逃げまどって
しまう」と思うかもしれません。

　同様に、「荒廃した町中で略奪が横行している」シーンを映画で見た人は、
そのイメージにもとづいて、「災害発生後は略奪が増える」と思うかもしれ
ません。

　このように、思い浮かべやすいイメージというのは、人の判断や評価に大
きな影響を与え得るのです。思い浮かべやすいイメージという意味では、ス
テレオタイプの影響もかかわっているといえます。

物事を判断や評価する際に、「自分が思い出しやすい情報」にもとづいて判断や評価を行ってしまうことを指しています。例えば、自動車事故で死亡することよりも飛行機事故で死亡することをより恐れることや（死亡事故発生率は飛行機よりも車のほうがはるかに高い）、カバよりもライオンの方が危険だと思ってしまうことが例として挙げられます（カバに襲われて死亡する人の数はライオンよりも 5 倍も多い）。思い出しやすい情報にもとづいているため物事の判断や評価を迅速に行うことができますが、必ずしも正しい判断や評価ができるというわけではありません。

人間には、他人の表面的な行動からその人の内面を推測する傾向がある

　次は、「コレスポンデンス・バイアス」です（【心理学コラム 15】参照）。

　人間には、他人のちょっとした行動からその人の性格を推測してしまう傾向があります。この傾向の厄介なところは、ある状況下で強いられた行動（つまり行為者の意思ではない行動）であったとしても、その行動をもとにその人の内面的な性質を推測してしまう点です。

　ですから、「貧しい国で災害が発生し、公的な支援が期待できない貧困層の人々が近所のスーパーから無断で食料を持ち帰っている」模様をテレビなどで見た人は、「災害発生後、人間は無秩序に略奪を行ってしまう」という風に思い込んでしまうのです。

　しかし、すでに説明したとおり、災害状況で見られる行動の多くは、当事者目線では理にかなった行動である場合が多いのです [54]。

　例えば、ある海外の国で地震が発生し、建物から一斉に人々が逃げ出したとします。この避難行動は、単純に建物の倒壊から逃れようとしているだけなのかもしれません。

　日本の建物は法律で耐震基準が定められていますが、海外の国々、特に貧しい国ではちょっとした揺れで倒壊してしまう建物が少なくありません。

　この点を考慮すれば、建物から一斉に逃げ出す人たちは、その状況において適切な行動をとっていたことになります。

　しかし、第三者視点で見ると、そういった避難行動ですら、「災害発生後、人々はパニックに陥って逃げ惑ってしまう」という風に映ってしまうのです。

【心理学コラム 15　コレスポンデンス・バイアス（correspondence bias）】

「根本的な帰属の誤り（**fundamental attribution error**）」とも呼ばれます。ある人の性格的な特徴を、その人がある状況で見せた一過性の行動にもとづいて推測する傾向を言います。例えば、電車内で青年がお年寄りに席を譲っている光景を一度目にしただけで、「あの青年はとてもやさしい心の持ち主に違いない」と思い込んでしまうことです。また、災害発生後に被災者が泣き叫んでいる姿をニュースなどで見て、「災害が発生したら被災者は心理的なショック状態に陥ってしまう」と思い込んでしまうのも、このバイアスの影響かもしれません。

匿名状況に対する不安も、災害神話にかかわっている可能性がある

　略奪や犯罪にかかわる災害神話については、人間が持つ匿名状況に対する不安が原因なのかもしれません。誰が何をやったかわからない状況では、人は普段しないような行動をとってしまうことがあります。

　例えば、周りに信号待ちをしている人がいるときは信号無視をしないのに、誰もいない状況では信号無視をしてしまうことがあります。

　また、コロナ禍でニュースにもなりましたが、お店などのトイレの個室に置いてある予備用のトイレットペーパーが何者かに盗まれてなくなるという事件が、一時期至る所で発生していました。

　これらの行動のポイントは、普段は信号無視をしたりトイレの個室からトイレットペーパーを盗んだりしたりしないのに、周りに人がいない状況（匿名状況）で必要に駆られた場合にのみ（例：信号無視の場合は急いでいる、トイレットペーパーの場合は品切れで買えない）、いつもは守っているルールから逸脱した行動が出てしまう点です。

　この傾向は、物資的な利益（例：お金や物）がかかわってくると特に顕著になることがわかっています [127~130]。

　そのため、「被災地では物資不足が発生するし、災害発生後の混乱状況ではだれがなにをやったかわかりにくくなるため、略奪などの犯罪が増えるはず」と思ってしまうのも、仕方のないことなのかもしれません。

　略奪・犯罪神話同様に、物資支援の過大評価や寄付金への不信感も、匿名状況に対する不安が原因なのかもしれません。寄付金に比べると、支援物資

は本来の目的以外に使われる可能性が低いように思えます。

　ですから、「お金による支援だと途中で横領されてしまうかもしれないけど、水や衣服による支援なら被災者支援以外に使われることはないはず」と思い、お金よりも物資の支援をより効果的と考えてしまうのかもしれません。

　また、寄付金（特に支援金）の使用用途は、慈善団体が明確に開示しない限り寄付者にはわかりません。そのため、「例え寄付しても被災者支援以外の目的に使われてしまうかもしれない」と思ってしまう人がいても不思議ではありません。

5　人間社会と災害神話

災害神話は、今後も人間社会に存在し続ける可能性が高い

　災害発生後の行動傾向に関する誤ったイメージや大げさなイメージは、本書で取り上げたパニックや略奪などだけでなく、もっとたくさんあります[76]。

　本書で紹介した災害発生後の行動傾向に関する対する誤ったイメージや大げさなイメージは、恐らく今後も人々の間で共有され続けると思います。

　アメリカの災害研究者である Quarantelli [64] は、1960 年の時点で、多くの人が災害発生時のパニックについて誤ったイメージを持っていることを指摘しています。

　その後、世界各地で多くの自然災害や人為災害が発生しました。1960 年代よりも科学技術は大きく発展し、世界の裏側で発生した災害の様子をライブ映像で見たり、被災者の生の声をＳＮＳ上で見聞きしたりすることが容易にできるようになりました。

　つまり現代の人々は、1960 年代以前の人々よりも、災害発生時に人間がどういう行動をとるかについて、より多くの情報と知識を持っているのです。

　にもかかわらず、東日本大震災後に実施された調査によると、パニックの誤ったイメージはいまだに多くの人々の間に根強く残っていました[53]。

　パニック神話に限らず、もしかしたら、災害神話は人間が人間自身に対して潜在的に抱いている恐怖心に由来しているのかもしれません。

別表　2010〜2020年に発生した自然災害による被害

年	災害名	人的被害				物的被害				
		死者	行方不明者	重傷	軽傷	全壊	半壊	一部損壊	床上浸水	床下浸水
2020	令和2年台風第14号及び前線に伴う大雨	0	0	1	1	0	0	0	0	0
	令和2年台風第10号	2	4	16	95	2	6	849	6	31
	令和2年7月豪雨	84	2	10	57	1,599	4,351	3,501	1,855	5,287
	今冬期の大雪等	9	0	71	142	0	0	2	0	1
	小計	95	6	98	295	1,601	4,357	4,352	1,861	5,319
2019	令和元年台風第19号	104	3	43	341	3,308	30,024	37,320	8,129	22,892
	令和元年台風第17号	1	0	3	62	0	0	555	14	32
	令和元年台風第15号	1	0	13	137	342	3,927	70,397	127	118
	令和元年台風第13号	0	0	0	7	0	0	0	0	1
	令和元年8月の前線に伴う大雨	4	0	1	1	95	877	53	904	4,739
	令和元年台風第10号	2	0	7	49	0	0	12	1	1
	令和元年台風第8号	1	0	1	4	1	0	5	1	3
	梅雨前線に伴う大雨及び令和元年台風第5号	0	1	0	6	0	0	4	291	557
	6月下旬からの大雨	2	0	1	4	9	7	30	92	385
	山形県沖を震源とする地震	0	0	9	34	0	36	1,245	0	0
	今冬期の大雪等	40	0	278	372	2	5	15	0	2
	北海道胆振いぶり地方中東部を震源とする地震	0	0	0	6	0	0	1	0	0
	熊本県熊本地方を震源とする地震	0	0	0	1	0	0	0	0	0
	小計	155	4	356	1,024	3,757	34,876	109,637	9,559	28,730
2018	平成30年台風第24号	1	1	22	173	14	94	1,749	22	115
	平成30年北海道胆振いぶり東部地震	42	0	31	731	462	1,570	12,600	0	0
	平成30年台風第21号	14	0	46	897	26	189	50,083	66	505
	平成30年台風第20号	0	0	2	27	0	0	47	6	22
	平成30年台風第13号	0	0	1	3	0	0	0	0	0
	平成30年7月豪雨	237	8	123	309	6,767	11,243	3,991	7,173	21,296
	大阪府北部を震源とする地震	4	0	15	419	9	87	27,096	0	0
	今冬期の大雪等	116	0	624	915	9	18	326	13	40
	平成30年4月11日大分県中津市の土砂災害	6	0	0	0	4	0	0	0	0
	島根県西部を震源とする地震	0	0	2	7	13	44	375	0	0
	草津白根山の火山活動	1	0	3	8	0	0	0	0	0
	小計	421	9	869	3,489	7,304	13,245	96,267	7,280	21,978
2017	平成29年台風第22号	0	0	4	14	4	0	79	35	152
	平成29年台風第21号	8	0	28	187	5	15	630	2,456	3,426
	平成29年台風第18号	5	0	8	51	3	5	531	1,627	4,339
	平成29年台風第5号	2	0	2	49	1	14	208	48	306
	7月22日からの梅雨前線に伴う大雨	0	0	0	0	3	39	0	657	1,586
	鹿児島湾を震源とする地震	0	0	0	1	0	0	0	0	0
	6月30日からの梅雨前線に伴う大雨及び平成29年台風第3号	42	2	9	25	325	1,109	88	222	2,009
	長野県南部を震源とする地震	0	0	0	2	0	0	22	0	0
	平成29年3月27日栃木県那須町の雪崩	8	0	2	38	0	0	0	0	0
	今冬期の大雪等	65	0	337	499	1	1	257	2	25
	小計	130	2	390	866	343	1,183	1,815	5,047	11,843

2016	福島県沖を震源とする地震	0	0	3	14	0	0	1	0	0
	平成28年（2016年）鳥取県中部を震源とする地震	0	0	5	25	14	198	14,232	0	0
	平成28年（2016年）台風第18号	0	0	0	13	0	1	18	0	1
	平成28年（2016年）台風第16号	1	0	12	36	6	61	386	461	1,760
	平成28年台風13号及び前線等	1	0	0	2	0	2	5	20	165
	平成28年台風12号	0	0	0	1	0	0	1	0	0
	平成28年台風10号	22	5	5	10	502	2,372	1,143	241	1,694
	平成28年台風第11号及び第9号	2	0	9	73	2	11	312	628	2,185
	平成28年台風第7号	0	0	0	5	0	3	8	62	135
	6月20日からの西日本の大雨	6	1	3	7	15	14	143	352	1,325
	内浦湾を震源とする地震	0	0	0	0	0	0	3	0	0
	平成28年（2016年）熊本県熊本地方を震源とする地震	273	0	1,203	1,606	8,667	34,719	163,500	0	0
	1月23日からの大雪等	6	0	22	246	0	2	4	0	1
	1月17日からの急速に発達する低気圧に伴う大雪等	0	0	29	319	0	0	17	1	3
	小計	311	6	1,291	2,358	9,206	37,383	179,773	1,765	7,269
2015	平成27年台風第23号	0	0	0	6	0	0	70	0	0
	急速に発達する低気圧に伴う暴風等	1	0	2	4	0	8	307	0	1
	平成27年台風第21号	0	0	0	0	10	27	285	0	0
	平成27年9月関東・東北豪雨	8	0	8	72	80	7,022	343	1,925	10,353
	平成27年台風第15号による大雨等	1	0	16	118	10	90	2,075	28	192
	平成27年台風第12号による大雨等	0	0	0	2	0	0	1	4	28
	平成27年台風第11号による大雨等	2	0	12	47	2	5	79	79	319
	大分県南部を震源とする地震	0	0	0	3	0	0	0	0	0
	小笠原諸島西方沖を震源とする地震	0	0	0	13	0	0	0	0	0
	今冬期の大雪等	83	0	460	569	9	12	186	5	22
	小計	95	0	498	834	111	7,164	3,346	2,041	10,915
2014	長野県北部を震源とする地震	0	0	10	36	50	91	1,426	0	0
	台風第19号による大雨等	3	0	23	73	0	6	128	102	734
	台風第18号による大雨等	6	1	14	58	2	4	251	671	1,869
	御嶽山の噴火	57	6	29	40	0	0	0	0	0
	9月10日からの大雨による被害	0	0	0	0	1	0	0	79	150
	8月15日からの大雨	8	0	1	6	35	129	3,034	2,117	3,406
	台風第12号及び第11号	6	0	14	78	14	162	857	1,648	5,163
	梅雨期における大雨等	3	0	11	76	15	4	151	555	1,622
	伊豆大島近海を震源とする地震	0	0	0	13	0	0	0	0	0
	伊予灘を震源とする地震	0	0	2	19	0	0	26	0	0
	今冬期の大雪等	95	0	592	1,178	28	40	5,872	3	49
	小計	178	7	696	1,577	145	436	11,745	5,175	12,993
2013	平成25年台風第27号及び前線	0	0	0	1	1	0	4	4	16
	平成25年台風第26号	39	4	16	92	86	65	754	1,524	4,067
	平成25年台風第24号による大雨等	0	0	1	10	65	175	758	0	0
	台風第18号の大雨等	6	1	18	125	48	208	1,394	3,011	7,078

	9月2日及び4日の竜巻等	0	0	7	60	13	38	1,478	0	0
	台風第15号、17号及び前線の大雨等	2	0	3	19	2	0	32	304	3,119
	8月23日からの大雨等	2	0	0	4	8	14	109	288	1,857
	8月9日からの東北地方を中心とする大雨	8	0	4	7	8	6	23	560	1,294
	梅雨期における大雨等	14	3	15	35	73	222	173	1,845	6,581
	宮城県沖を震源とする地震	0	0	0	3	0	0	0	0	0
	7月26日からの大雨等	3	2	2	14	28	27	29	694	2,892
	三宅島近海を震源とする地震	0	0	0	1	0	0	0	0	0
	淡路島付近を震源とする地震	0	0	9	25	6	66	8,000	0	0
	平成25年4月6日からの低気圧	1	0	5	28	0	0	128	66	306
	今冬期の大雪等	103	0	595	923	2	4	125	2	23
	小計	178	10	676	1,347	340	825	13,007	8,298	27,233
2012	平成24年台風第17号	1	0	19	161	48	161	1,596	166	780
	平成24年台風第16号にかかる大雨等	0	0	1	11	23	95	739	386	1,160
	平成24年8月13日からの大雨等	2	1	1	3	14	12	30	1,663	7,200
	平成24年7月11日からの大雨	30	2	5	22	363	1,500	313	3,298	9,308
	平成24年台風第4号	1	0	5	74	1	1	115	54	231
	平成24年5月に発生した突風等	3	0	1	58	89	197	978	4	636
	今冬期の大雪等	132	0	870	1,110	13	8	493	3	55
	小計	169	3	902	1,439	551	1,974	4,264	5,574	19,370
2011	平成23年台風第15号	18	1	28	309	33	1,577	2,129	2,145	5,695
	平成23年台風第12号	82	16	32	81	379	3,159	470	5,500	16,594
	平成23年7月新潟・福島豪雨	4	2	2	11	73	998	36	1,221	7,804
	平成23年台風第6号	2	1	11	43	0	1	31	28	122
	平成23年（2011年）東北地方太平洋沖地震（東日本大震災）	19,729	2,559	6,233	-	121,996	282,941	748,461	-	-
	霧島山（新燃岳）の噴火	0	0	15	20	0	0	0	0	0
	平成22年11月からの大雪等	128	0	616	875	9	12	558	6	62
	小計	19,963	2,579	6,937	1,339	122,490	288,688	751,685	8,900	30,277
2010	鹿児島県奄美地方における大雨	3	0	0	2	10	479	11	119	767
	平成22年梅雨前線による大雨	16	5	6	15	42	74	208	1,786	5,702
	チリ中部沿岸を震源とする地震	0	0	0	0	0	0	0	6	51
	小計	19	5	6	17	52	553	219	1,911	6,520
	合計	21,714	2,631	12,719	14,585	145,900	390,684	1,176,110	57,411	182,447

引用：［5］内閣府（2020）をもとに作成

引用文献

［1］ 国立がん研究センター（2020）．最新がん統計
https://ganjoho.jp/reg_stat/statistics/stat/summary.html
［2］ 警察庁（2019）．平成 30 年警察白書　統計資料　警察庁
https://www.npa.go.jp/hakusyo/h30/data.html
［3］ 警察庁（2020）．平成 31 年／令和元年（2019）交通事故統計　統計表　警察庁
https://www.npa.go.jp/publications/statistics/koutsuu/toukeihyo.html
［4］ 消防庁（2019）．平成 30 年版消防白書　消防庁
［5］ 内閣府（2020）．災害情報　内閣府
http://www.bousai.go.jp/updates/
［6］ 国土技術研究センター（2020）．国土を知る／意外と知らない日本の国土　国土技術研究センター　http://www.jice.or.jp/knowledge/japan/commentary02
［7］ Cabinet Office. (2015). White paper: Disaster management in Japan 2015. Cabinet Office.
http://www.bousai.go.jp/kaigirep/hakusho/pdf/WP2015_DM_Full_Version.pdf
［8］ 東京大学新聞研究所「地震と情報」研究班（1982）．災害常襲地域における住民の「災害観」に関する調査報告－その 1－　東京大学新聞研究所
［9］ 日本防火・危機管理促進協会（2020）．地域住民による主体的な避難行動に関する調査研究令和元年度危機管理体制調査研究報告書　日本防火・危機管理促進協会
［10］ 内閣府政府広報室（2014）．「防災に関する世論調査」の概要　内閣府
http://www.bousai.go.jp/kaigirep/kentokai/hisaishashien2/pdf/dai5kai/siryo2.pdf
［11］ 内閣府政府広報室（2018）．「防災に関する世論調査」の概要　内閣府
https://survey.gov-online.go.jp/h29/h29-bousai/gairyaku.pdf
［12］ 日本気象協会（2018）．「ヒナんどりやってみた！家庭の備蓄状況」についてアンケート調査してみた！　トクする！防災　日本気象協会　https://tokusuru-bosai.jp/try/try10.html
［13］ 日本気象協会（2020）．備蓄の心得　備蓄品はこれが必要　トクする！防災　日本気象協会
https://tokusuru-bosai.jp/stock/stock02.html
［14］ 仙台市（2012）．東日本大震災に関する市民アンケート調査＜報告書＞　仙台市
［15］ ネオマーケティング（2020）．災害時の避難所に関する調査　ネオマーケティング
https://neo-m.jp/SDGs-CSV/2465/
［16］ 神戸市（2015）．阪神・淡路大震災「1.17 の記録」　神戸市　http://kobe117shinsai.jp/
［17］ 北浦かほる（1996）．住宅内部における被害実態と安全性－阪神・淡路大震災特別研究－住宅総合研究財団研究年報，23, 177-186.
［18］ 東京消防庁（2020）．家具類の転倒・落下・移動防止対策ハンドブック－室内の地震対策－東京消防庁
［19］ 気象庁（2020）．気象庁が天気予報等で用いる予報用語　気象庁
https://www.jma.go.jp/jma/kishou/know/yougo_hp/mokuji.html
［20］ 日本防火・危機管理促進協会（2018）．災害対策・対応における地方自治体と住民による協働に関する調査研究　平成 29 年度危機管理体制調査研究報告書　日本防火・危機管理促進協会
［21］ 気象庁（2009）．気象庁震度階級関連解説表　気象庁
https://www.jma.go.jp/jma/kishou/know/shindo/kaisetsu.html
［22］ 内閣府（2018）．避難場所等の図記号の標準化の取組　内閣府
http://www.bousai.go.jp/kyoiku/zukigo/pdf/symbol_01.pdf
［23］ 日本標識工業会（2016）．「災害種別避難誘導標識システム」JIS Z 9098 防災標識ガイドブック　日本標識工業会　http://www.bousai.go.jp/kyoiku/zukigo/pdf/symbol_02.pdf

［24］内閣府（2019）. 避難勧告等に関するガイドラインの改訂（平成 31 年 3 月 29 日）　内閣府
　　　http://www.bousai.go.jp/oukyu/hinankankoku/h30_hinankankoku_guideline/index.html
［25］気象庁（2020）. 津波の伝わる速さと高さ　津波発生と伝播のしくみ　気象庁
　　　https://www.data.jma.go.jp/svd/eqev/data/tsunami/generation.html
［26］内閣府政策統括官（防災担当）（2019）. 南海トラフ巨大地震の被害想定項目及び手法の概
　　　要〜建物被害・人的被害〜　南海トラフ巨大地震対策検討ワーキンググループ　内閣府
　　　http://www.bousai.go.jp/jishin/nankai/taisaku_wg/pdf/2_sanko2.pdf
［27］千葉県（2019）.3.1 千葉県ホームページ改訂、3.2 浸水深のランク分け　平成 23 年度東日
　　　本大震災千葉県津波調査業務委託報告書（概要版）　千葉県
　　　https://www.pref.chiba.lg.jp/bousaik/tsunamityosa/documents/gaiyo3.pdf
［28］気象庁（2020）. 主な火山災害　気象庁
　　　https://www.data.jma.go.jp/svd/vois/data/tokyo/STOCK/kaisetsu/volsaigai/saigai.html
［29］内閣府（2007）.1990-1995 雲仙普賢岳噴火　災害教訓の継承に関する専門調査会報告書
　　　内閣府
　　　http://www.bousai.go.jp/kyoiku/kyokun/kyoukunnokeishou/rep/1990_unzen_funka/index.html
［30］廣井 脩・吉井 博明・山本 康正・木村 拓郎・中村 功・松田 美佐（1991）. 平成 3 年雲仙普
　　　賢岳噴火における災害情報の伝達と住民の対応　東京大学新聞研究所
［31］内閣府（2018）. 参考資料 1　平成 30 年 7 月豪雨の概要　平成 30 年 7 月豪雨による水害・
　　　土砂災害からの避難に関するワーキンググループ　内閣府
　　　http://www.bousai.go.jp/fusuigai/suigai_dosyaworking/pdf/sankosiryo1.pdf
［32］気象庁（2020）. 平成 30 年 7 月豪雨（前線及び台風第 7 号による大雨等）　気象庁
　　　https://www.data.jma.go.jp/obd/stats/data/bosai/report/2018/20180713/20180713.html
［33］岡山県（2019）. 平成 30 年 7 月豪雨災害での対応行動に関するアンケート調査報告書　岡
　　　山県
［34］中央防災会議（2011）. 東北地方太平洋沖地震を教訓とした地震・津波対策に関する専門調
　　　査会　報告　参考図表集　中央防災会議
　　　http://www.bousai.go.jp/kaigirep/chousakai/tohokukyokun/pdf/sankou.pdf
［35］内閣府（2011）. 資料 1　平成 23 年東日本大震災における避難行動等に関する面接調査（住民）
　　　分析結果　東北地方太平洋沖地震を教訓とした地震・津波対策に関する専門調査会第 7 回会
　　　合　内閣府　http://www.bousai.go.jp/kaigirep/chousakai/tohokukyokun/7/pdf/1.pdf
［36］廣井 脩（2003）. 災害時の人間行動　学術月報 , 56(7), 716-720.
［37］Quarantelli, E. L., & Dynes, R. R. (1972). When disaster strikes: It isn't much like what you've
　　　heard and read about. Psychology Today, 5(9), 67–70.
［38］Perry, R. W. (1979). Incentives for evacuation in natural disaster: Research based community
　　　emergency planning. Journal of the American Planning Association, 45(4), 440-447.
　　　https://doi.org/10.1080/01944367908976988
［39］Drabek. T. E., & Boggs, K. S. (1968). Families in disaster: Reactions and relatives. Journal of
　　　Marriage and Family, 30(3), 443-451. https://doi.org/10.2307/349914
［40］Nogami, T. (N. A.). Factors affecting the intention to evacuation early in rain-storm disasters.
　　　Unpublished manuscript.
［41］Peek, L. A., & Mileti, D. S. (2002). The history and future of disaster research. In R. B. Bechtel & A.
　　　Churchman (Eds.), Handbook of environmental psychology (p. 511–524). John Wiley & Sons Inc.
［42］Huang, S. K., Lindell, M. K., & Prater, C. S. (2015). Who leaves and who stays? A review and
　　　statistical meta-analysis of hurricane evacuation studies. Environment and Behavior, 48(8),
　　　991-1029. https://doi.org/10.1177/0013916515578485

［43］入江 さやか（2016）．鬼怒川決壊　常総市の住民はどのように避難したのか？〜「関東・東北豪雨」における住民の防災情報認知と避難行動調査〜　放送研究と調査 AUGUST 2016, 34-65.

［44］中央大学理工学部河川・水文研究室（2016）．鬼怒川洪水時の浸水・避難状況に関するヒアリング調査結果［単集計結果］　平成 28 年 1 月 19 日水害時の避難・応急対策検討ワーキンググループ（第 3 回）
http://www.bousai.go.jp/fusuigai/suigaiworking/pdf/dai3kai/siryo4.pdf

［45］平成 30 年 7 月豪雨災害における避難対策等検証会議（2018）．平成 30 年 7 月豪雨災害における避難対策等の検証とその充実に向けた提言　平成 30 年 7 月豪雨災害における避難対策等検証会議　www.bousai.go.jp/fusuigai/suigai_dosyaworking/pdf/hiroshimasaisyu.pdf

［46］Turner, R., & Killian, L. M. (1972). Collective behavior. Englewood Cliffs, NJ: Prentice-Hall.

［47］Walch, C. (2018). Evacuation ahead of natural disasters: Evidence from cyclone Phailin in India and typhoon Haiyan in the Philippines. Geo: Geography and Environment, 5(1), 1-16. https://doi.org/10.1002/geo2.51

［48］Thompson, R. R., Garfin, D. R., & Silver, R. C. (2017). Evacuation from natural disasters: A systematic review of the literature. Risk Analysis, 37(4), 812-839. https://doi.org/10.1111/risa.12654

［49］クロス・マーケティング（2011）．［共同調査］首都圏における震災 1 ヶ月後の生活と消費の意識に関するアンケート　クロス・マーケティング
https://www.cross-m.co.jp/report/life/1m20110425/#

［50］総務省消防庁（2020）．東日本大震災に学ぶ 4.「自助」「共助」「公助」　防災・危機管理 e カレッジ
https://www.fdma.go.jp/relocation/e-college/ippan/cat/cat1/cat/post-13.html

［51］精選版 日本国語大辞典（2020）．パニック　コトバンク
https://kotobank.jp/word/%E3%83%91%E3%83%8B%E3%83%83%E3%82%AF-603864

［52］デジタル大辞泉（2020）．パニック　weblio 辞書
https://www.weblio.jp/content/%E3%83%91%E3%83%8B%E3%83%83%E3%82%AF

［53］Nogami, T. (2016). Who panics and when: A commonly accepted image of disaster panic in Japan. International Perspectives in Psychology: Research, Practice, Consultation, 5(4), 245-255. https://doi.org/10.1037/ipp0000050

［54］Quarantelli, E. L. (1954). The nature and conditions of panic. American Journal of Sociology, 60(3), 267-275.

［55］Gantt, P., & Gantt, R. (2012). Disaster psychology: Dispelling the myths of panic. Professional Safety, 57(8), 42-49.

［56］Mawson, A. R. (2005). Understanding mass panic and other collective responses to threat and disaster. Psychiatry, 68(2), 95-113. https://doi.org/10.1521/psyc.2005.68.2.95

［57］Mawson, A. R. (2007). Mass panic and social attachment: The dynamics of human behavior. Ashgate Publishing Limited.

［58］Quarantelli, E. L. (2001). The sociology of panic. In N. J. Smelser and P. B. Baltes (Eds.), International Encyclopedia of the Social and Behavioral Sciences (pp. 11020–11023). Elsevier Science Ltd.

［59］Frey, B, S., Savage, D. A., & Torgler, B. (2010). Interaction of natural survival instincts and internalized social norms exploring the Titanic and Lusitania disasters. Proceedings of the National Academy of Sciences, 107(11), 4862-4865. https://doi.org/10.1073/pnas.0911303107

［60］Frey, B, S., Savage, D. A., & Torgler, B. (2011). Who perished on the Titanic? The importance of social norms. Rationality and Society, 23(1), 35-49.

https://doi.org/10.1177/1043463110396059

［61］ Cornwell, B., Harmon, W., Mason, M., Merz, B., & Lampe, M. (2001). Panic or situational constraints? The case of the M/V Estonia. International Journal of Mass Emergencies and Disasters, 19, 5-25.

［62］ Johnson, N. R. (1988). Fire in a crowded theater: A descriptive investigation of the emergence of panic. International Journal of Mass Emergencies and Disasters, 6(1), 7-26.

［63］ 吉岡 忍（1989）．墜落の夏—日航 123 便事故全記録—　新潮社

［64］ Quarantelli, E. L. (1960). Images of withdrawal behavior in disasters: Some basic misconceptions. Social Problems, 8(1), 68-79.　https://doi.org/10.2307/798631

［65］ Wenger, D. E., Dykes, J. D., Sebok, T. D., & Neff, J. L. (1975). It's a matter of myths: An empirical examination of individual insight into disaster response. Mass Emergencies, 1(1), 33-46.

［66］ 兵庫県警察（2002）．警備雑踏の手引き　兵庫県警察
https://www.police.pref.hyogo.lg.jp/zattou/index.htm

［67］ 明石市民夏まつり事故調査委員会（2002）．第 32 回明石市民夏まつりにおける花火大会事故調査報告書（概要版）　明石市
https://www.city.akashi.lg.jp/anzen/anshin/bosai/kikikanri/jikochosa/dai32hokoku.html

［68］ Cocking, C., & Drury, J. (2014). Talking about Hillsborough: 'Panic' as discourse in survivors' accounts of the 1989 Football Stadium Disaster. Journal of Community & Applied Social Psychology, 24(2), 86-99. https://doi.org/10.1002/casp.2153

［69］ Johnson, N. R. (1987). Panic at "The Who concert stampede": An empirical assessment. Social Problems, 34(4), 362-373. https://doi.org/10.2307/800813

［70］ Auf der Heide, E. (2004). Common misconceptions about disasters: Panic, the "disaster syndrome," and looting. In M. O'Leary (Ed.), The First 72 Hours: A Community Approach to Disaster Preparedness (pp. 340-380). iUniverse Publishing.
https://www.atsdr.cdc.gov/emergency_response/common_misconceptions.pdf

［71］ Drury, J., Novelli, D., & Stott, C. (2013). Psychological disaster myths in the perception and management of mass emergencies. Journal of Applied Social Psychology, 43(11), 2259-2270. https://doi.org/10.1111/jasp.12176

［72］ Tierney, K. (2003). Disaster beliefs and institutional interests: Recycling disaster myths in the aftermath of 9-11. Research in Social Problems and Public Policy, 11, 33-51. https://doi.org/10.1016/S0196-1152(03)11004-6

［73］ Tierney, K., Bevc, C., & Kuligowski, E. (2006). Metaphors matter: Disaster myths, media frames, and their consequences in Hurricane Katrina. The ANNALS of the American Academy of Political and Social Science, 604(1), 57-81.
https://doi.org/10.1177/0002716205285589

［74］ Zimbardo, P. G. (1969). The human choice: Individuation, reason, and order versus deindividuation, impulse, and chaos. In W. J. Arnold & D. Levine (Eds.), Nebraska symposium on motivation (pp. 237–307). University of Nebraska Press.

［75］ Reicher, S., Spears, R., & Postmes, T. (1995). A social identity model of deindividuation phenomena. European Review of Social Psychology, 6, 161–198.
https://doi.org/10.1080/14792779443000049

［76］ Alexander, D. E. (2007). Misconception as a barrier to teaching about disasters. Prehospital and Disaster Medicine, 22(2), 95-103. https://doi.org/10.1017/S1049023X00004441

［77］ Nogami, T., & Yoshida, F. (2014). Disaster myths after the Great East Japan Disaster and the effects of information sources on belief in such myths. Disasters, 38(s2), s190–s205.

https://doi.org/10.1111/disa.12073

[78] BBC News Magazine. (2011, March 18). Why is there no looting in Japan after the earthquake? http://www.bbc.co.uk/news/magazine-12785802

[79] Cafferty, J. (2011, March 14). Why is there no looting in Japan? CNN Cafferty File. http://caffertyfile.blogs.cnn.com/2011/03/15/why-is-there-no-looting-in-japan/

[80] Picht, J. (2011, March 14). Where are the Japanese looters? The Washington Times Communities. http://communities.washingtontimes.com/neighborhood/stimulus/2011/mar/14/where-are-japanese-looters/

[81] West, E. (2011, March 14). Why is there no looting in Japan? The Telegraph. http://blogs.telegraph.co.uk/news/edwest/100079703/why-is-there-no-looting-in-japan

[82] Telegraph. (2017, August 30). Houston imposes curfew amid reports of looting as Hurricane Harvey makes second landfall. http://www.telegraph.co.uk/news/2017/08/30/houston-imposes-curfew-amid-reports-looting-hurricane-harvey/

[83] Gray, J., & Wilson, E. A. (1984). Looting in disaster: A general profile of victimization. DRC Working Paper #7. Disaster Research Center, The Ohio State University.

[84] Frailing, K., & Harper, D. W. (2017). Toward a criminology of disaster: What we know and what we need to find out. New York: Palgrave Macmillan.

[85] 東京府（1925）．第七編　震災による被害其他の統計　東京府大正震災誌　東京府

[86] 平山 真理（2013）．第 2 章 阪神・淡路大震災後と関東大震災後の犯罪減少の比較　大災害と犯罪（pp. 23-40）　法律文化社

[87] 足立 昌勝（2012）．大震災発生直後の犯罪について　関東学院法学, 21(4), 49-70.

[88] 斎藤 豊治（2001）．阪神大震災後の犯罪問題　甲南大学総合研究所叢書, 63　甲南大学総合研究所

[89] 警察庁（2011）．被災地等における犯罪情勢　警察庁　http://www.kantei.go.jp/jp/singi/hanzai/dai17/siryou1.pdf

[90] 警察庁（2012）．平成 23 年の犯罪情勢　警察庁　http://www.npa.go.jp/toukei/seianki/h23hanzaizyousei.pdf

[91] 警察庁（2016）．平成 28 年熊本地震に伴う被害状況と警察措置　警察庁　https://www.npa.go.jp/kumamotoearthquake/pdf/zyoukyou.pdf

[92] 熊本県警察（2016）．犯罪統計書 平成 27 年　熊本県警察本部　https://www.pref.kumamoto.jp/police/common/UploadFileOutput.ashx?c_id=3&id=835&sub_id=1&flid=2941

[93] 熊本県警察（2016）．熊本県内の犯罪情勢（平成 28 年 8 月末現在）　熊本県警察　https://www.pref.kumamoto.jp/police/page830.html

[94] Rodríguez, H., Trainor, J., & Quarantelli, E. L. (2006). Rising to the challenges of a catastrophe: The emergent and prosocial behavior following Hurricane Katrina. The ANNALS of the American Academy of Political and Social Science, 604(1), 82-101. https://doi.org/10.1177/0002716205284677

[95] Beven II, J. L., & Kimberlain, T. B. (2009). Tropical Cyclone Report Hurricane Gustav (AL072008) 25 August – 4 September 2008. National Hurricane Center. http://www.nhc.noaa.gov/data/tcr/AL072008_Gustav.pdf

[96] Roth, D. (2010). Louisiana Hurricane History. National Weather Service. https://www.weather.gov/media/lch/events/lahurricanehistory.pdf

[97] Harper, D. W. (2016). The New Orleans Police Department during and after Hurricane Katrina

– Lessons learned. In D. W. Harper & K. Frailing (Eds.), Crime and criminal justice in disaster, 3rd ed. (pp. 337-363). Carolina Academic Press.

［98］City of New Orleans. (2016). Historical crime data 1990-2014.
http://www.nola.gov/getattachment/NOPD/Crime-Data/Crime-Stats/Historic-crime-data-1900-2014pdf/

［99］Department of Justice. (2006). Property crime.
https://www2.fbi.gov/ucr/cius_04/offenses_reported/property_crime/index.html

［100］Simo, G. (2008). Poverty in New Orleans: before and after Katrina. Vincentian Heritage Journal, 28(2), 309-320.

［101］Barsky, L., Trainor, J., & Torres, M. (2006). Disasters realities in the aftermath of Hurricane Katrina: Revisiting the looting myth. Quick Response Report, 184, 1-6.
http://udspace.udel.edu/handle/19716/2367

［102］Sandin, P., & Wester, M. (2009). The moral black hole. Ethical Theory and Moral Practice, 12(3), 291-301. https://doi.org/10.1007/s10677-009-9152-z

［103］Quarantelli, E. L. (2007). The Myth and the realities: Keeping the "looting" myth in perspective. Natural Hazard Observation, 31(4), 2-3.

［104］Quarantelli, E. L., & Dynes, R. R. (1970). Property norms and looting: Their patterns in community crises. Phylon (1960-), 31(2), 168-182. https://doi.org/10.2307/273722

［105］Nogami, T. (2015). The myth of increased crime in Japan: A false perception of crime frequency in post-disaster situations. International Journal of Disaster Risk Reduction, 13, 301-306. https://doi.org/10.1016/j.ijdrr.2015.07.007

［106］Department of Justice. (2006). Murder.
https://www2.fbi.gov/ucr/cius_04/offenses_reported/violent_crime/murder.html

［107］Department of Justice. (2006). Violent crime.
https://www2.fbi.gov/ucr/cius_04/offenses_reported/violent_crime/index.html

［108］VanLandingham, M. J. (2007). Murder rates in New Orleans, 2004-2006. American Journal of Public Health, 97(9), 1614-1616. https://doi.org/10.2105/AJPH.2007.110445

［109］佐藤 健二（2008）．第4章 混乱による被害の拡大　第1節 流言蜚語と都市　災害教訓の継承に関する専門調査会報告書　1923 関東大震災報告書［第2編］（pp. 179-105）　内閣府

［110］鈴木 淳（2008）．第4章 混乱による被害の拡大　第2節 殺傷事件の発生　災害教訓の継承に関する専門調査会報告書　1923 関東大震災報告書［第2編］（pp. 206-213）　内閣府

［111］鈴木 淳（2008）．第4章 混乱による被害の拡大　第2節 殺傷事件の発生　コラム8 殺傷事件の検証　災害教訓の継承に関する専門調査会報告書　1923 関東大震災報告書［第2編］（pp. 218-221）　内閣府

［112］警察庁（1994）．平成6年警察白書 安全で住みよい地域社会を目指して　警察白書
https://www.npa.go.jp/hakusyo/h06/h06index.html

［113］警察庁（1995）．平成7年警察白書 サリン・銃・大震災に対峙した警察　警察庁
https://www.npa.go.jp/hakusyo/h07/h07index.html

［114］警察庁（1996）．平成8年警察白書 新しい組織犯罪への対応〜オウム真理教関連事件を回顧して〜　警察庁　https://www.npa.go.jp/hakusyo/h08/h08index.html

［115］警察庁（1997）．平成9年警察白書 国際テロ情勢と警察の取組み　警察庁
https://www.npa.go.jp/hakusyo/h09/h09index.html

［116］警察庁（1998）．平成10年警察白書 ハイテク犯罪の現状と警察の取組み　警察庁
https://www.npa.go.jp/hakusyo/h10/h10index.html

［117］Aguirre, B. E., & Lane, D. (2019). Fraud in disaster: Rethinking the phases. International

Journal of Disaster Risk Reduction, 39, 1-9. https://doi.org/10.1016/j.ijdrr.2019.101232

［118］Jacob, B., Mawson, A. R., Payton, M., & Guignard, J. C. (2008). Disaster mythology and fact: Hurricane Katrina and social attachment. Public Health Reports, 123(5), 555-566.

［119］Varano, S. P., Schafer, J. A., Cancino, J. M., Decker, S. H., & Greene, J. R. (2010). A tale of three cities: Crime and displacement after Hurricane Katrina. Journal of Criminal Justice, 38(1), 42-50. https://doi.org/10.1016/j.jcrimjus.2009.11.006

［120］Leitner, M., Barnett, M., Kent, J., & Barnett, T. (2011). The impact of Hurricane Katrina on reported crimes in Louisiana: A spatial and temporal analysis. The Professional Geographer, 63(2), 244-261. http://dx.doi.org/10.1080/00330124.2010.547156

［121］浜井 浩一（2013）. なぜ犯罪は減少しているのか？ 犯罪社会学研究 , 38, 53-77.

［122］Lalumière, M. L., Harris, G. T., Quinsey, V. L., & Rice, M. E. (2005). The causes of rape: Understanding individual differences in male propensity for sexual aggression. American Psychological Association.

［123］Moffitt, T. E. (1993). Adolescence-limited and life-course-persistent antisocial behavior: a developmental taxonomy. Psychological Review, 100(4), 674-701.

［124］Ching-Chi Hsieh, M., & Pugh, D. (1993). Poverty, income inequality, and violent crime: A meta-analysis of recent aggregate data studies. Criminal Justice Review, 18(2), 182-202. https://doi.org/10.1177/073401689301800203

［125］Patterson, E. B. (1991). Poverty, income inequality, and community crime rates. Criminology, 29(4), 755-776. https://doi.org/10.1111/j.1745-9125.1991.tb01087.x

［126］OECD. (2005). OECD Factbook 2005: Economic, environmental and social statistics. http://www.oecd-ilibrary.org/docserver/download/3005041e.pdf?expires=1482044791&id=id&accname=guest&checksum=F468C41541C83FE020711D51A14D6F04

［127］Nogami, T. (2009). Reexamination of the association between anonymity and self-interested unethical behavior in adults. The Psychological Record, 59(2), 259-272. https://doi.org/10.1007/BF03395662

［128］Nogami, T., & Takai, J. (2008). Effects of anonymity on antisocial behavior committed by individuals. Psychological Reports, 102(1), 119-130. https://doi.org/10.2466/pr0.102.1.119-130

［129］Nogami, T., & Yoshida, F. (2013). Rule-breaking in an anonymous situation: When people decide to deviate from existing rules. International Journal of Psychology, 48(6), 1284-1290. https://doi.org/10.1080/00207594.2012.736024

［130］Nogami, T., & Yoshida, F. (2013). The pursuit of self-interest and rule breaking in an anonymous situation. Journal of Applied Social Psychology, 43(4), 909-916. https://doi.org/10.1111/jasp.12056

［131］斎藤 豊治（2013）. 第 1 章 大災害後の犯罪 大災害と犯罪（pp. 3-22） 法律文化社

［132］Drury, J., Novelli, D., & Stott, C. (2015). Managing to avert disaster: Explaining collective resilience at an outdoor music event. European Journal of Social Psychology, 45(4), 533-547. https://doi.org/10.1002/ejsp.2108

［133］倉岡 和彦（1995）. 地震発生！そのとき市民は・・・＜阪神・淡路大震災における市民行動調査の結果＞（1995 年 5 月号）「阪神・淡路大震災 消防職員手記（「雪」編集部）」http://www.city.kobe.lg.jp/safety/fire/hanshinawaji/syukihensyuubu4.html

［134］日本火災学会（1996）.1995 年兵庫県南部地震における火災に関する調査報告書 日本火災学会

［135］Cauchon, D. (2001). For many on Sept. 11, survival was no accident. USA Today. http://usatoday30.usatoday.com/news/sept11/2001/12/19/usatcov-wtcsurvival.htm

［136］ National Commission on Terrorist Attacks upon the United States. (2004). The 9/11 Commission report: Final report of the National Commission on Terrorist Attacks upon the United States. National Commission on Terrorist Attacks upon the United States. https://9-11commission.gov/report/

［137］ Proulx, G., & Fahy, R. F. (2003). Evacuation of the World Trade Center: what went right? Proceedings of the CIB-CTBUH International Conference on Tall Buildings, October 20-23 2003, Malaysia (CIB Publication No. 290), 27-34.

［138］ Drury, J., Cocking, C., & Reicher, S. (2009). The nature of collective resilience: Survivor reactions to the 2005 London bombings. International Journal of Mass Emergencies and Disasters, 27(1), 66-95.

［139］ 関 広一（2007）. 中越大震災　自治体の叫び　ぎょうせい

［140］ 大槌町東日本大震災検証委員会（2013）. 大槌町東日本大震災検証報告書（平成 25 年度版） 大槌町東日本大震災検証委員会 http://www.town.otsuchi.iwate.jp/gyosei/docs/2017042500038/files/kensyo.pdf

［141］ 陸前高田市（2014）. 陸前高田市東日本大震災検証報告書概要版　陸前高田市 http://www.city.rikuzentakata.iwate.jp/kategorie/bousai-syoubou/shinsai/gaiyou.pdf

［142］ 鈴木 猛康（2014）. 事例に学ぶ自治体防災　行政機能喪失目立った東日本大震災　自治体 BCP の重視始まる　日経グローカル，234, 54-55.

［143］ 兵庫県知事公室消防防災課（1996）. 阪神・淡路大震災－兵庫県の 1 年の記録　兵庫県

［144］ 内閣府（2013）. 資料 4-7 ボランティア活動の推移　被災者に対する国の支援の在り方に関する検討会（第 2 回）　内閣府 http://www.bousai.go.jp/kaigirep/kentokai/hisaishashien2/pdf/dai2kai/siryo4_7.pdf

［145］ Nogami, T. (2014). What makes disaster donors different from non-donors. Disaster Prevention and Management, 23(4), 484-492. https://doi.org/10.1108/DPM-04-2014-0080

［146］ 福本 潤也・井上 亮・大窪 和明（2012）. 東日本大震災における緊急支援物資の流動実態の定量的把握　平成 23 年国土政策関係研究支援事業 研究成果報告書 https://www.mlit.go.jp/common/000999574.pdf

［147］ Fritz, C., & Mathewson, J. H. (1957). Convergence behavior in disasters: A problem in social control. National Research Council Disaster Study Number 9. National Academy of Sciences.

［148］ 長崎 武巳（2012）. ＜報告 3 ＞北海道南西沖地震災害と復興、町財政への影響について（pp.28-39）　過去の大規模災害と海外事例からみる東日本大震災と都市財政　日本都市センター

［149］ 越森 幸夫（1995）. 第 132 回国会　衆議院　地方分権に関する特別委員会　第 3 号 平成 7 年 2 月 8 日 https://kokkai.ndl.go.jp/simple/dispPDF?minId=113204775X00319950208#page=13

［150］ 日本 NPO 学会（2013）. 日本ＮＰＯ学会震災特別プロジェクト 震災後の寄付・ボランティア等に関する意識調査報告書 タケダ・いのちとくらし再生プログラム　日本 NPO 学会 https://janpora.org/shinsaitokubetsuproject/seika/seika1208.pdf

［151］ Muttart Foundation (2013). Talking about charities 2013: Canadians' opinions on charities and issues affecting charities. https://www.muttart.org/wp-content/uploads/2015/11/3.-Talking-About-Charities-Full-Report-2013.pdf

［152］ 日本経済新聞（2012）. 震災支援、国民の 4 人 3 人寄付 総額 4400 億円　日本経済新聞社 https://www.nikkei.com/article/DGXNASDG08029_T10C12A2CR8000/

［153］ 日本財団（2020）. 支援金と義援金の違い　日本財団

https://www.nippon-foundation.or.jp/what/projects/disaster_fund/infographics
［154］神戸新聞 NEXT（2020）．データでみる阪神・淡路大震災　神戸新聞社
　　　https://www.kobe-np.co.jp/rentoku/sinsai/graph/p5.shtml
［155］総務省消防庁（2019）．平成 23 年（2011 年）東北地方太平洋沖地震（東日本大震災）の
　　　被害状況（平成 31 年 3 月 1 日現在）　総務省
　　　https://www.fdma.go.jp/pressrelease/houdou/items/310308_houdou_2.pdf
［156］Cheung, C. K., & Chan, C. M. (2000). Social-cognitive factors of donating money to charity, with special attention to an international relief organization. Evaluation and Program Planning, 23(2), 241-253.
　　　https://doi.org/10.1016/S0149-7189(00)00003-3
［157］Oosterhof, L., Heuvelman, A., & Peters, O. (2009). Donation to disaster relief campaigns: Underlying social cognitive factors exposed. Evaluation and Program Planning, 32(2), 148-157.
　　　https://doi.org/10.1016/j.evalprogplan.2008.10.006
［158］Huber, M., Van Boven, L., McGraw, A. P., & Johnson-Graham, L. (2011). Whom to help? Immediacy bias in judgments and decisions about humanitarian aid. Organizational Behavior and Human Decision Processes, 115(2), 283-293.
　　　https://doi.org/10.1016/j.obhdp.2011.03.003
［159］Aaker, J. L., & Akutsu, S. (2009). Why do people give? The role of identity in giving. Journal of Consumer Psychology, 19(3), 267-270. https://doi.org/10.1016/j.jcps.2009.05.010
［160］Cryder, C. E., & Loewenstein, G. (2012). Responsibility: The tie that binds. Journal of Experimental Social Psychology, 48(1), 441-445. https://doi.org/10.1016/j.jesp.2011.09.009
［161］Zagefka, H., Noor, M., Brown, R., Hopthrow, T., & de Moura, G. R. (2012). Eliciting donations to disaster victims: Psychological considerations. Asian Journal of Social Psychology, 15(4), 221-230.
　　　https://doi.org/10.1111/j.1467-839X.2012.01378.x
［162］Zagefka, H., Noor, M., Brown, R., de Moura, G. R., & Hopthrow, T. (2011). Donating to disaster victims: Responses to natural and humanly caused events. European Journal of Social Psychology, 41(3), 353-363.
　　　https://doi.org/10.1002/ejsp.781
［163］Evangelidis, I., & Van den Bergh, B. (2013). The number of fatalities drives disaster aid: Increasing sensitivity to people in need. Psychological Science, 24(11), 2226-2234.
　　　https://doi.org/10.1177/0956797613490748
［164］Kogut, T., & Ritov, I. (2007). 'One of us': Outstanding willingness to help save a single identified compatriot. Organizational Behavior and Human Decision Processes, 104(2), 150-157.
　　　https://doi.org/10.1016/j.obhdp.2007.04.006
［165］Small, D. A., & Loewenstein, G. (2003). Helping a victim or helping the victim: Altruism and identifiability. The Journal of Risk and Uncertainty, 26(1), 5-16.
　　　https://doi.org/10.1023/A:1022299422219
［166］Brown, P. H., & Minty, J. H. (2008). Media coverage & charitable giving after the 2004 tsunami. Southern Economic Journal, 75(1), 9-25. http://dx.doi.org/10.2139/ssrn.968760
［167］Eisensee, T., & Strömberg, D. (2007). News droughts, news floods, and US disaster relief. The Quarterly Journal of Economics, 122(2), 693-728. https://doi.org/10.1162/qjec.122.2.693
［168］Batson, C.D., Van Lange, P.A.M., Ahmad, N., & Lishner, D.A. (2003). Altruism and helping behavior. In M.A. Hogg and J. Cooper (Eds.), The Sage handbook of social psychology (pp. 279-295). Sage.
　　　http://dx.doi.org/10.4135/9781848608221.n11
［169］Clarke, L. (2002). Panic: Myth or reality? Contexts, 1(3), 21-26.

https://doi.org/10.1525/ctx.2002.1.3.21

［170］ Drury, J., Novelli, D., & Stott, C. (2013). Representing crowd behaviour in emergency planning guidance: 'Mass panic' or collective resilience? Resilience, 1(1), 18-37. https://doi.org/10.1080/21693293.2013.765740

［171］ Wester, M. (2011). Fight, flight or freeze: Assumed reactions of the public during a crisis. Journal of Contingencies and Crisis Management, 19(4), 207-214. https://doi.org/10.1111/j.1468-5973.2011.00646.x

［172］ Nogami, T. (2018). Disaster myths among disaster response professionals and the source of such misconceptions. Journal of Contingencies and Crisis Management, 26(4), 491-498. https://doi.org/10.1111/1468-5973.12218

［173］ Nogami, T. (2020). Negative misconceptions about disaster behaviour through availability cascades: An examination of secondhand information and the moderating effect of trait anxiety on disaster myths. Journal of Community and Applied Social Psychology, 30(4), 369-380. https://doi.org/10.1002/casp.2441

［174］ Fahy, R. F., Proulx, G., & Aiman, L. (2012). Panic or not in fire: Clarifying the misconception. Fire and Materials, 36(5-6), 328-338. https://doi.org/10.1002/fam.1083

［175］ Clarke, L., & Chess, C. (2008). Elites and panic: More to fear than fear itself. Social Forces, 87(2), 993-1014. https://doi.org/10.1353/sof.0.0155

［176］ Scanlon, J. (2007). Research about the mass media and disaster: Never (well hardly ever) the twain shall meet. In D. A. McEntire (Ed.), Disciplines, Disasters and Emergency Management: the Convergence and Divergence of Concepts, Issues and Trends from the Research Literature (pp. 75-95). Charles C Thomas Publisher, Ltd.

［177］ SHIKOKU NEWS（2011）. 放射能拡散試算図 5 千枚を公開へ／細野首相補佐官が陳謝 四国新聞社 http://www.shikoku-np.co.jp/national/science_environmental/20110502000634

［178］ Hanslmaier, M. (2013). Crime, fear and subjective well-being: How victimization and street crime affect fear and life satisfaction. European Journal of Criminology, 10(5), 515-533. https://doi.org/10.1177/1477370812474545

［179］ Jackson, J., & Gray, E. (2010). Functional fear and public insecurities about crime. British Journal of Criminology, 50(1), 1-22. https://doi.org/10.1093/bjc/azp059

［180］ Jackson, J., & Stafford, M. (2009). Public health and fear of crime: A prospective cohort study. British Journal of Criminology, 49(6), 832-847. https://doi.org/10.1093/bjc/azp033

［181］ Skogan, W. (1986). Fear of crime and neighborhood change. Crime and Justice, 8, 203-229. https://doi.org/10.1086/449123

［182］ Stafford, M., Chandola, T., & Marmot, M. (2007). Association between fear of crime and mental health and physical functioning. American Journal of Public Health, 97(11), 2076-2081. https://doi.org/10.2105/AJPH.2006.097154

［183］ 産経ニュース（2015）.［東日本豪雨］被災地で空き巣横行　うわさ話も飛び交い住民に不安　産経新聞社 https://www.sankei.com/affairs/news/150913/afr1509130021-n1.html

［184］ Coates, S., & Eggen, D. (2005, September 2). A city of despair and lawlessness. The Washington Post.

http://www.washingtonpost.com/wp-dyn/content/article/2005/09/01/AR2005090100533.html

[185] Ali, Z. S. (2013). Media myths and realities in natural disasters. European Journal of Business and Social Sciences, 2(1), 125-133. http://www.ejbss.com/Data/Sites/1/vol2no1april2013/ejbss-1238-13-mediamythsandrealiti esinnaturaldisasters.pdf

[186] Barsky, L., Trainor, J., & Torres, M. (2006). Disasters realities in the aftermath of Hurricane Katrina: Revisiting the looting myth. Quick Response Report, 184, 1-6. http://udspace.udel.edu/handle/19716/2367

[187] McEntire, D. A. (2006). Disaster response and recovery: Strategies and tactics for resilience. John Wiley & Sons.

[188] Mitchell, J. T., Thomas, D. S. K., Hill, A. A., & Cutter, S. L. (2000). Catastrophe in reel life versus real life: Perpetuating disaster myth through Hollywood films. International Journal of Mass Emergencies and Disasters, 18(3), 383-402.

[189] Quarantelli, E. L. (1980). The study of disaster movies: Research problems, findings and implications (Preliminary paper #64). University of Delaware, Disaster Research Center: http://dspace.udel.edu/handle/19716/447

[190] Wenger, D., & Friedman, B. (1986). Local and national media coverage of disaster: A content analysis of the print media's treatment of disaster myths. International Journal of Mass Emergencies and Disasters, 4(3), 27-50.

[191] Goltz, J. D. (1984). Are the news media responsible for the disaster myths? A content analysis of emergency response imagery. International Journal of Mass Emergencies and Disasters, 2(3), 343-366.

[192] Nogami, T. (2018). What behaviors we think we do when a disaster strikes: Misconceptions and realities of human disaster behavior. In P. Samui, C. Ghosh, & D. Kim (Eds.), Integrating Disaster Science and Management: Global Case Studies in Mitigation and Recovery (pp.343-362). Elsevier. https://doi.org/10.1016/B978-0-12-812056-9.00020-8

[193] Soroka, S., & McAdams, S. (2015). News, politics, and negativity. Political Communication, 32(1), 1-22. https://doi.org/10.1080/10584609.2014.881942

181

おわりに

「……10％の才能と20％の努力………そして、30％の臆病さ……残る40％
は……"運"だろう……な……」

ゴルゴ13第218話「ロックフォードの野望（謀略の死角）」
ＳＰコミックス第66巻より

　『ゴルゴ13』という漫画には、デューク東郷という腕利きのスナイパーが
登場します。引き受けた仕事は必ず完遂するという、超一流の仕事人です。

　そんなデューク東郷ですが、あるとき依頼人から「プロとして成功する条
件」を聞かれます。その回答が、冒頭の言葉です。狙った獲物は必ずしと
めるデューク東郷ですが、それでも彼の仕事における才能や努力の割合は3
割しかありません。逆に、臆病さと運が7割も占めています。デューク東郷
のすごさを知っている人であれば、この割合は意外に思うかもしれません。

　デューク東郷の職業は暗殺者ですから、一見すると、冒頭の言葉は一般の
人たちには関係ないように思えます。しかし、この言葉は、自然災害などの
不測の事態を乗り切るうえで、とても参考になります。

　このデューク東郷の言葉を、災害対策に当てはめてみます。「才能」を「災
害意識」、「努力」を「防災準備」に置き換えます。そうすると、「不測の事
態を乗り切る条件」は、

「……10％の災害意識と20％の防災準備………そして、30％の臆病さ……
残る40％は……"運"だろう……な……」

となります。非常にしっくりきます。

　この言葉を聞いて、「4割も運に左右されるのであれば、災害意識を高め
たり、防災準備をしたりする意味がない！」と思う人がいるかもしれません。
そのとおりです。でも、思い出してください。あのデューク東郷でさえ、運
に左右されてしまうのです。

　どんなに災害の知識を身につけていても、運が悪ければ地震で命を落とし
てしまいます。残念ながら、これは事実です。備蓄品を準備し、毎年避難訓
練に参加していたとしても、運が悪ければ豪雨災害の犠牲になってしまいま

す。災害を生き抜くうえで運の割合が４割というのは、決して人間の才能や努力が意味をなさないというわけではありません。自然の脅威が、それほどまでに絶大だということです。

　ここで重要となるのは、災害に対して臆病になることです。ある程度の災害意識を持ち、ある程度の防災準備をしたのであれば、あとは災害に対して臆病になればいいのです。そうすれば、不測の事態を乗り切る確率を大きく高めることができます。

　本編でも説明しましたが、災害に対して臆病になることはとても難しいことです。しかし、自然の力を軽視してはいけません。災害に対して臆病になることこそ、人間が真っ先に取り組むべき災害対策なのです。

野上　達也

著者略歴

野上　達也（のがみ　たつや）

一般財団法人日本防火・危機管理促進協会　主任研究員
明治大学公共政策大学院ガバナンス研究科　兼任講師
筑波大学大学院人間総合科学研究科博士後期課程修了、博士（心理学）。専門は
社会心理学、研究テーマは匿名状況やインターネット上、災害発生前後の行動傾
向など。

主な著書・論文に『Integrating disaster science and management: Global case
studies in mitigation and recovery』（共著、Elsevier、2018 年）、『災害発生時
における自治体組織と人のマネジメント』（共著、第一法規、2018 年）、「Who
panics and when: A commonly accepted image of disaster panic in Japan」（単
著、アメリカ心理学会、2016 年）、「Disaster myths after the Great East Japan
Disaster and the effects of information sources on belief in such myths」（共著、
John Wiley & Sons、2014 年）など。

研究業績一覧
Google Scholar: https://scholar.google.com/citations?user=88NqzzUAAAAJ&hl=ja
ORCID: https://orcid.org/0000-0001-6511-8569
ResearchGate: https://www.researchgate.net/profile/Tatsuya-Nogami
publons: https://publons.com/researcher/1280015/tatsuya-nogami

災害から家族と自分を守る　「災害心理」の基礎知識

2021年3月19日　初版発行　2021年11月12日　第2刷発行

著　者　野上　達也　©Tatsuya　Nogami
発行人　森　　忠順
発行所　株式会社 セルバ出版
　　　　〒 113-0034
　　　　東京都文京区湯島 1 丁目 12 番 6 号 高関ビル 5 B
　　　　☎ 03（5812）1178　　FAX 03（5812）1188
　　　　http://www.seluba.co.jp/

発　売　株式会社 三省堂書店／創英社
　　　　〒 101-0051
　　　　東京都千代田区神田神保町 1 丁目 1 番地
　　　　☎ 03（3291）2295　　FAX 03（3292）7687

印刷・製本　株式会社 丸井工文社

Printed in JAPAN
ISBN978-4-86367-643-5